Open Source, Free Software e Open Format nei processi di ricerca archeologica

Atti del II Workshop
(Genova, 11 Maggio 2007)

a cura di
Stefano Costa e Giovanni L. Pesce

]u[

ubiquity press
London

Published by
Ubiquity Press Ltd.
Gordon House
29 Gordon Square
London WC1H 0PP
www.ubiquitypress.com

First published 2013

Con il contributo della Regione Liguria

Printed in the UK by Lightning Source Ltd.

ISBN (paperback): 978-1-909188-15-0
ISBN (EPUB): 978-1-909188-16-7
ISBN (PDF): 978-1-909188-17-4

DOI: http://dx.doi.org/10.5334/bae

Suggested citation:
Costa, S. and Pesce, G. L. 2013 *Open Source, Free Software e Open Format
nei processi di ricerca archeologica 2007*. Ubiquity Press. DOI: http://dx.doi.
org/10.5334/bae

To read the online open access version of this
book, either visit http://dx.doi.org/10.5334/bae
or scan this QR code with your mobile device:

A Riccardo Francovich e Tiziano Mannoni

Indice

CAPITOLO I

Introduzione

Stefano Costa* **, Giovanni Luca Annibale Pesce§ **

Quando nel pomeriggio dell'8 maggio 2006, a conclusione della prima edizione del workshop, proponemmo di ripetere la fruttuosa esperienza appena conclusa a Grosseto, vi fu certamente una dose di fiducia inaspettata nei confronti di un gruppo giovane e non strutturato come era (e in gran parte è tuttora) IOSA. D'altra parte, in mancanza di altre proposte analoghe, rimandare a un futuro indefinito la prosecuzione delle molte interessanti discussioni avviate in quella giornata sembrava una occasione sprecata.

IOSA è un *working group* che è spesso stato chiamato *progetto*, avviato nel 2004 in seno al grupporicerche, con l'obiettivo di valutare la applicabilità del software libero nella pratica archeologica. L'attività di IOSA ha attraversato varie fasi, dalla sistematica raccolta e catalogazione di software sul sito web http://www.iosa.it/ fino allo sviluppo di software dedicato, documentazione avanzata e al coinvolgimento in iniziative di respiro internazionale. Nel 2007 IOSA era in un momento di passaggio da una prima fase "esplorativa" ad una più propriamente applicativa, anche grazie alle opportunità offerte dai rispettivi ambiti di studio, con le prime timide sperimentazioni nella programmazione in linguaggi di alto livello (Python), gestione di sistemi informativi in rete e catalogazione di beni culturali.

Prima del workshop di Grosseto, come gruppo facente capo all'Istituto Internazionale di Studi Liguri (IISL) avevamo ottenuto la disponibilità da parte della sezione di Genova (di cui allora era presidente il prof. Tiziano Mannoni) a ospitare una seconda edizione dell'incontro. L'importanza di una successione aperta e pubblica si è rivelata un fattore chiave anche negli anni successivi per la buona riuscita del workshop.

L'organizzazione ha significato anzitutto un impegno in termini umani, ancora prima che economici, a tutti i livelli. Nel grupporicerche Alessia Mantovan, Francesco Bertazzo e Luca Bianconi hanno curato la segreteria organizzativa, con il supporto di Matteo Sicios. Da quell'occasione Luca Bianconi è poi entrato stabilmente in IOSA, a testimonianza di quanto questo incontro sia stato importante non solo per il movimento del software libero in archeologia ma anche per la crescita numerica e intellettuale del nostro piccolo gruppo. Regione Liguria ha erogato un finanziamento che ci ha consentito di coprire interamente i costi relativi alla pubblicazione. La Ipsilon s.c.r.l. ha sponsorizzato il workshop, in particolare il pranzo offerto ai relatori. Il Museo di Sant'Agostino di Genova, parte dei Musei Civici Genovesi, ha messo a disposizione i suoi locali nella prestigiosa sede di piazza Sarzano, in una anteprima di quello che sarebbe divenuto un rapporto fisso tra IISL e Museo negli anni successivi. L'Istituto per la Storia della Cultura Materiale (ISCUM), oltre a garantire il suo patrocinio all'incontro, ha mostrato nell'introduzione di Severino Fossati come gli approcci quantitativi in archeologia abbiano una lunga – e spesso dimenticata – tradizione a Genova, anche al di fuori delle sedi universitarie. Per molti anni l'ISCUM ha rappresentato per IOSA un punto di riferimento nella combinazione di approcci e metodologie alla ricerca tout court, non ultimo per il carattere sostanzialmente pratico ("ligure" si potrebbe dire) riscontrabile anche nelle digressioni più teoriche. L'IISL ha garantito la possibilità di rapportarci formalmente con altre istituzioni a tutti i livelli, sostenendo questa e altre iniziative portate avanti da IOSA.

Una persona più di tutte le altre ci ha ispirato a lavorare con dedizione e umiltà (non sempre ci siamo riusciti appieno) per il puro, semplice e cocciutamente infantile piacere della ricerca, ed è stato il professor Tiziano Mannoni. In apertura di questo incontro, abbiamo avuto la fortuna di ascoltare la sua introduzione, una delle rare occasioni in cui Mannoni si è confrontato in pubblico con il mondo dell'informatica applicata all'archeologia.

Con questa pubblicazione si salda il debito nei confronti della comunità che negli anni è cresciuta intorno al workshop, e nei confronti degli autori che hanno visto ritardata troppo a lungo la disponibilità del proprio lavoro.

Abbiamo operato una scelta inusuale per la pubblicazione di questo volume, tuttavia in linea con i principi della condivisione e della disseminazione. Ubiquity Press si è dimostrata in grado di soddisfare tali esigenze in modo eccellente, e ci sembra utile un approccio anche in questo caso pionieristico, rivolgendoci all'estero per ottenere un prodotto editoriale digitale che in Italia ancora scarseggia, mentre rimane forte il solco della tradizionale pubblicazione cartacea e l'uso preponderante del PDF come unico formato digitale. Il tempo dirà se abbiamo avuto ragione.

Il lasso di tempo che ci separa ormai dal 2007 consente di dedicare uno sguardo distaccato e analitico ai lavori presentati, con una valutazione mirata anzitutto alla sostenibilità delle scelte tecnologiche allora adottate. Il workshop non ha mai adottato toni enfatici nei confronti di alcuna tecnologia né tantomeno sul software libero e open source, ma è indubbio che talvolta prevalgano scelte dettate da fattori esterni (in base alla "buzzword" più in voga in un determinato momento) e che tali fattori esterni mutino senza alcun controllo da parte nostra. Varrà quindi la pena di adottare uno sguardo pragmatico all'informatica, non tanto centrato su astratte tipologie di software o sistemi (uno per tutti: GIS), quanto sull'ecosistema che genera e consuma il software. È indubbio che il software libero, per come si è evoluto negli ultimi 15 anni, presenti un vantaggio schiacciante rispetto al software proprietario, grazie alla possibilità di seguire nei minimi dettagli il suo sviluppo, le problematiche tecniche che ne possono rendere difficoltosa l'adozione e la crescita, fino alla precoce diagnosi di una eventuale stagnazione del progetto (un fenomeno molto diffuso, contrariamente a quanto si può credere). I repository, le mailing list, i bug tracker sono impietosi testimoni dello stato di salute di un progetto, ma al tempo stesso sono lo strumento tramite il quale possiamo direttamente influenzare il progetto stesso. Questo volume è altrettanto impietoso, e comprende progetti di sviluppo software completamente abbandonati, sperimentazioni basate su applicazioni ormai del tutto obsolete, con la dimostrazione di scelte non attente o semplicemente sfortunate. Tale situazione deve essere oggetto di seria riflessione per chi ha partecipato ai workshop e per chi si accinge alla lettura di questo volume, anche alla luce di una promessa largamente mancata: la disponibilità del codice sorgente dei programmi presentati, con una licenza libera. Su questo specifico problema abbiamo più volte espresso il nostro disappunto, in particolare a partire dal 2009 quando IOSA ha intrapreso lo sviluppo di diverse applicazioni, tutte sempre disponibili dal primo momento in rete, con una licenza libera, in pieno accordo con la filosofia "release early, release often" che ha fatto la fortuna di molti software liberi. Troppo spesso vengono invece addotte banali giustificazioni ("ci sono alcune cose che prima vanno sistemate"), tanto più intollerabili se si pensa che generalmente riguardano software per la gestione di dati archeologici, sulla cui integrità e sostenibilità è necessario un controllo collettivo ben più intenso di quanto sia ad oggi praticato.

Di alcune scelte effettuate tra 2006 e 2007 siamo ancora oggi particolarmente orgogliosi. La più importante è certamente l'introduzione della condivisione dei dati archeologici come tematica centrale, affiancata al software libero. Questa tematica nasce da una intuizione di Giancarlo Macchi Jánica, a cui abbiamo avuto la fortuna di poter associare un esperto di ambito internazionale come Andrea Glorioso, facente capo a Creative Commons Italia. L'esperienza positiva è continuata nel 2008 ed è ora divenuta argomento centrale di incontri e gruppi di lavoro internazionali, sotto il nuovo nome di "open data", che non era ancora stato coniato. La comunità di questo workshop può vantarsi di essere tra i precursori del movimento open data in Italia, ma a poco servirebbe tale vanto senza una applicazione concreta ed estensiva degli spunti e dei cambiamenti che questo movimento propone. L'impegno di IOSA in questo senso non si è limitato al workshop e ha condotto nel 2009 all'organizzazione di un seminario tematico su "Diritti d'autore e banche dati per i beni culturali" [1] in cui le possibilità, le sfide e i problemi posti dalla condivisione in rete delle banche dati archeologiche, e dei beni culturali in generale, sono stati affrontati da diversi punti di vista, incluso quello degli archeologi professionisti, troppo spesso e troppo regolarmente lasciati fuori dal dibattito accademico. Da questo punto di vista, è stata particolarmente significativa la partecipazione di Francesco Uliano Scelza dell'Associazione Nazionale Archeologi, in sostituzione del presidente Tsao T. Cevoli, il cui contribuito è pubblicato nel presente volume. La partecipazione delle associazioni professionali è diventata una costante del workshop negli anni successivi, costituendo anche una occasione di rivendicazione per tutti quei professionisti che si vedono privati di un riconoscimento intellettuale per il proprio lavoro, o dei permessi per lo studio di reperti custoditi nei magazzini delle soprintendenze. L'approccio di IOSA è sempre stato di grande apertura nei confronti di queste rivendicazioni, a patto che esse non costituiscano un motivo per la ulteriore "chiusura" delle informazioni archeologiche.

Nel 2007 costituì una novità assoluta anche la partecipazione di un tecnico della Soprintendenza per i Beni Archeologici della Liguria, Andrea Crosetti, il cui contributo non è purtroppo incluso nella presente pubblicazione. Nel 2012, con l'organizzazione della settima edizione del workshop da parte della Soprintendenza Speciale per i Beni Archeologici di Roma, il cerchio si è chiuso e da "stranezza" la presenza delle istituzioni pubbliche preposte alla tutela è diventata un cardine, tanto più importante se si pensa che questo avviene in un periodo di profonde trasformazioni per l'intera Pubblica Amministrazione, inclusa la digitalizzazione dell'intero procedimento amministrativo, e le importanti novità introdotte dal Codice dell'Amministrazione Digitale in tema di adozione del software libero e libertà di riutilizzo delle banche dati pubbliche.

L'edizione 2007 del workshop è ad oggi l'unica organizzata da una istituzione non universitaria o di ricerca (l'Istituto Internazionale di Studi Liguri è una ONLUS, attiva nella tutela del patrimonio culturale), e insieme a quella del 2008 l'unica organizzata da personale non strutturato (nel 2007 Giovanni Pesce era libero professionista e Stefano Costa studente all'Università di Siena). Sebbene non possa costituire una giustificazione, questa "eccezione" può forse spiegare il ritardo nella pubblicazione, ma anche la grande libertà che abbiamo potuto esercitare nelle scelte di merito e di metodo, senza alcuna costrizione esterna.

Durante questa seconda edizione del workshop, alle relazioni degli autori qui presentate fece seguito un approfondito dibattito, mirato in modo particolare alla condivisione dei dati archeologici a cui si è fatto riferimento sopra. Di questo dibattito abbiamo conservato una registrazione video, che intendiamo mettere a disposizione del pubblico come è stato già fatto per il workshop 2009. I filmati saranno disponibili tramite il sito archeofoss.org.

L'impegno di IOSA nei confronti di ArcheoFOSS continua, con la periodica organizzazione di incontri tematici, la redazione del sito web unificato sul dominio archeofoss.org e la promozione del workshop a livello nazionale e internazionale.

****

On 8th May 2006, at the end of the first workshop in Grosseto, we proposed to repeat the meeting on the next year in Genoa. We could not expect such a good response from the participants, particularly given that IOSA was – and still is – an unstructured group of students and researchers. However, everybody agreed that it would have been a missed opportunity not to follow up on the interesting discussions we had only started on that day.

IOSA is a *working group* that has been often called a *project*, started in 2004 within grupporicerche, with the aim of evaluating if and how free and open source software could be used in everyday archaeological practice. The activity of IOSA has been going through several phases, from the initial cataloguing of software programs on the http://www.iosa.it/ website, to the development of dedicated software tools, advanced documentation and the involvement in international initiatives. In 2007 IOSA was in a moment of passage between the first "explorative" phase and the following phase, with the first applications in our respective fields of studies, some experiments in programming with high-level languages (Python), the management of web-based information systems and the never ending cataloguing of cultural heritage.

Before the workshop in Grosseto, as a group within the *Istituto Internazionale di Studi Liguri* (IISL) we had already been given a preliminary approval from the local committee in Genoa (directed by prof. Tiziano Mannoni at that time) for hosting the second workshop. Having an open and public discussion about where the next meeting should take place has always been very important for the organisation and participation of the wider community.

Organising this workshop required a significant effort, not only in quantifiable costs but also in time and patience, at all levels. For the *grupporicerche* we had substantial support by Alessia Mantovan, Francesco Bertazzo and Luca Bianconi, with the general supervision of Matteo Sicios. Since then, Luca Bianconi has become a member of IOSA, a glimpse of how important this workshop has been, not only for the free software movement in archaeology, but also for the development of our small group. *Regione Liguria* generously covered the costs of this publication. *Ipsilon s.c.r.l.* sponsored the workshop, particularly the coffee- and lunch-break for the speakers. The *Museo di Sant'Agostino* in Genoa, part of the *Musei Civici Genovesi* network, let us use their meeting hall in the beautiful medieval building in *piazza Sarzano*, in an anticipation of the long-standing relationship the IISL now has with the museum. The *Istituto per la Storia della Cultura Materiale* (ISCUM) not only gave their support to our initiative, but explained during the introductory talk by Severino Fossati that quantitative approaches in archaeology have a long – and too often forgotten – tradition in Genoa, even outside the university. For many years the ISCUM has represented for IOSA a reference to look at, in their combination of approaches and methods to research. We found equal inspiration in the very practical nature of their work ("Ligurian" we might say), even when dealing with highly theoretical topics. The IISL made it possible for us to have a formal relation to other organisations and public bodies at all levels, giving substantial support to this initiative as they did with many others.

There was one person above all others who inspired us to work with perseverance and modesty (we haven't always succeeded in that), for the simple, stubborn and childish pleasure of research: prof. Tiziano Mannoni. At the beginning of this workshop, we all had a unique opportunity to listen Mannoni dealing with archaeological computing.

With this publication we settle our debt to the wide community that has grown around the workshop in the past years, and to the authors who have been waiting far too long to see their work published.

We made an unusual choice for the publishing of this volume, but we believe that this choice is consistent with the principles of sharing and dissemination. Ubiquity Press was able to provide us with an excellent work, and we deemed useful to look abroad for a digital publishing product that is still lacking in Italy, where instead traditional publishing is still very strong and PDF is almost the only digital format. Time will tell if we were right with this choice.

The long delay between this publication and 2007 – when the workshop took place – gives us a good opportunity to make assessments on the works presented, particularly from the point of view of sustainability. The workshop never promoted "blind faith" in any technology, including free and open source software, but it is no doubt that in some cases the choice of one specific technology may be based on external factors (with "fashionable" and "hype" at the lower end of the spectrum), that fall largely out of our control. It is necessary to adopt a critical approach to information technology, one that is not focused on abstract categories of software or systems (one above all: GIS), but rather on the "ecosystem" that generates and uses software. In practice, free and open source software has one significant advantage over proprietary software: the possibility to follow its development in every detail, to understand the problems that may block its growth, to notice stagnation at a very early stage (as such, a phenomenon that is much more widespread than usually believed). Software repositories, mailing lists, bug trackers are merciless witnesses of the "health status" of a project. At the same time, they are the way for us to engage with it. This volume is merciless as well, and includes software projects that were completely abandoned, experiments based on now obsolete programs, showing unlucky or careless choices. Such situation should be a serious concern for those of us who took part in the workshop and the readers of this volume, particularly when considering one major issue: the availability of source code for the programs that were presented, under an open license. IOSA has already explained our disappointment at this situation, particularly since 2009 when we started developing applications ourselves. All those applications have been available since day 0, under an open license, following the "release early, release often" philosophy behind many successful software projects. But we see too often trite excuses ("it is not ready yet") instead of source code, and that is unacceptable because in most cases the applications under discussion are for the management of archaeological data. It is clear that the sustainability and fitness of such applications needs more collective control and assessment.

We are proud of some of the choices we made in 2006 and 2007 when organising this workshop. The most significant of these choices is almost certainly introducing the sharing of archaeological data as a key topic alongside free and open source software. This topic was initially an idea from Giancarlo Macchi Jánica, and we had a great opportunity to discuss it in 2007 with Andrea Glorioso, at that time already an international expert, member of the Creative Commons initiative. This positive approach has been continued in 2008 and it is now a central topic for international meetings and working groups, under the new name of "open data", that was not yet existing back then. The community of this workshop can be proud too, being one of the first pioneers of the open data movement in Italy, but such pride would be of little use without any practical developments. For this reason, in 2009 IOSA organised a seminar on "Copyright and databases in Cultural Heritage" [2], where all the challenges and problems resulting from sharing cultural heritage databases (largely from a theoretical point of view) were discussed from several different points of view. These points of view included professional archaeologists, who are too often disregarded and left out of any debate on archaeological practice. From this point of view, it was very important for us to have already in 2007 a representative from the *Associazione Nazionale Archeologi* (ANA), Francesco Uliano Scelza. Tsao T. Cevoli, the organisation president, could not attend the workshop but his paper was included in this volume. The participation of professional organisations has become a regular feature in the next years of the workshop, and it represents an opportunity for demanding a better intellectual reward for their work and skills, such as allowing access to finds under State custody for study purposes. IOSA has always supported these demands, as long as they are a means to a wider sharing of information.

There was another significant "surprise" in this workshop, namely the participation of staff from the local *Soprintendenza per i Beni Archeologici della Liguria*, Andrea Crosetti, whose paper could unfortunately not be included in this volume. In 2012, with the *Soprintendenza Speciale per i Beni Archeologici di Roma* organising the 7th workshop, the circle is full and the *Soprintendenze* have become a key component of the workshop. The importance of their engagement is fundamental, particularly in light of the deep changes that Italian governmental bodies are undergoing, with an entirely digital process and the recent modifications to the *Codice dell'Amministrazione Digitale* about free and open source software and use of public datasets.

The 2007 workshop is to date the only one organised by neither a university nor another public institution (IISL is a no-profit organisation, in the field of cultural heritage preservation, research and museums). Together with the 2008 meeting, this workshop has been the only one not organised by employed staff (in 2007 Gianluca Pesce was a freelance professional and Stefano Costa a master student at the University of Siena). Although this exceptional situation is no justification, it is useful to understand both the delay of this publication and the great freedom we enjoyed in making choices on our own.

During this workshop we had a long round table after the speakers' talks. The round table was focused on data sharing, as described above in more detail. We recorded a video of the round table, that we are going to make available to the public following the example of the 2009 workshop held in Rome. The video will be available through the archeofoss.org website.

IOSA continues its contribution towards ArcheoFOSS, organising seminars, editing the archeofoss.org website and promoting the workshop at the international level.

Notes

* Dipartimento di Archeologia e Storia delle Arti, Università degli Studi di Siena.
§ Istituto per la Storia della Cultura Materiale.
** Istituto Internazionale di Studi Liguri, Genova.
1 http://www.iosa.it/diritti/
2 http://www.iosa.it/diritti/, in Italian. Cultural Heritage (*patrimonio culturale*) includes any archaeological activity and object under Italian law.

CAPITOLO 2

ArcheOS e-learning project

Alessandro Bezzi[*], Luca Bezzi[*], Rupert Gietl[*],
Wilfrid Allinger-Csollich[†], Sandra Heinsch[†],
Walter Kuntner[†]

SOMMARIO. Con il seguente contributo si intende presentare un
progetto sperimentale che nasce dalla collaborazione dell'Università di Innsbruck (Dipartimento di Orientalistica e Storia Antica) e
la società Arc-Team snc. Tale progetto prevede la creazione di una
serie di tutorial riguardanti l'utilizzo di software libero in archeologia. Ogni tutorial si basa sull'esperienza concreta dello scavo scuola
di Aramus (Armenia).

ABSTRACT. *In this paper we would like to present an experimental project
born from the collaboration of the University of Innsbruck (Department
of Near East and Ancient History) and Arc-Team. Its main purpose is
to create some tutorilals about the use of Free Software in archaeology.
Each tutorial is based on the real experience of the "Aramus Excavations
and Field School".*

1. Lo scavo di Aramus

La "Aramus Excavations and FieldSchool" è un progetto di scavo condotto
dall'Università di Innsbruck[1] in collaborazione con l'Università di Yerevan[2]
e l'Accademia Nazionale di Scienza della Repubblica d'Armenia[3]. Il sito, scelto
in seguito ad una campagna di survey condotta nel corso del 2003, si trova
su di un'altura naturalmente protetta che emerge sull'altopiano del Kotayk

(Armenia), a circa 15 Km dalla capitale Yerevan, ad un'altitudine di 1450 m sul livello del mare.

Le prime indagini furono condotte dal Lalayan e dal Bajburtyan alla fine degli anni 1920 in un contesto di ricognizioni archeologiche generali svolte per la catalogazione dei siti preistorici della regione[4]. I primi sondaggi furono effettuati invece alla fine degli anni 60 e inizio 70 dalla Khanzadyan con l'intento di completare il quadro storico-culturale della Prima Età del Ferro locale (1000-800 a. C.) che stava emergendo negli scavi sistematici effettuati sul sito di Elar[5], situato a soli 3 Km a occidente di Aramus, nelle fortezze e necropoli nella zone costiera settentrionale del lago di Sevan, e infine a Metsamor e a Artik situate rispettivamente nella piana dell'Ararat e sull'altopiano di Shirak[6].

Gli scavi condotti nel 1988 dall'Avetysian nella parte centrale della fortezza, dove fu scoperta una porta monumentale rafforzata da due torri che dava accesso ad una serie di stanze allineate lungo i muri di fortificazione, portarono ad uno spostamento della data di fondazione. Insieme a cocci di ceramica d'impasto nero con decorazioni di lisciatura geometrica sulla superficie, tradizionalmente attribuite alla Prima Età del Ferro, furono trovati nei livelli di fondazione un gran numero di frammenti d'impasto rosso levigato di tipico stampo Urarteo[7]. La fortezza di Aramus deve quindi essere considerata una fondazione urartea della Seconda Età del Ferro che ben si pone nel contesto di espansione militare urartea volta alla conquista delle regioni a ridosso del lago di Sevan voluta da Argisti I (785 – 763 a. C.) e da Rusa I (735 - 714 a. C.)[8].

Gli scavi armeno-austriaci iniziati nel 2004 nella parte orientale della fortezza rivelarono ben presto che l'occupazione delle strutture fortificate continuò ben oltre la caduta dell'impero Urarteo, avvenuta intorno alla metà del VII secolo a.C[9]. Le ultime tracce di frequentazione risalgono infatti al IV secolo a. C. e mostrano una continuità della cultura materiale nettamente collegata alla tradizione del Primo Ferro che si esprime parallelamente a forme di vasellame ed impasti che possono essere definiti achemenidi. Gli scavi, che da allora si sono estesi su tutta l'area dell'abitato, confermarono che la fortezza di Aramus non subì né distruzioni violente né fasi di abbandono in seguito alla caduta dell'impero Urarteo, bensì un rafforzamento durante il periodo achemenide ed un mantenimento della sua massima estensione per tutto il VI e V secolo a. C., dopodiché iniziò un graduale ridimensionamento dell'abitato sulle parti fortificate poste a ridosso della cresta della collina[10].

Dal punto di vista archeologico il progetto intende fare luce, a livello regionale, sulla crescita e il declino del regno di Urartu, in relazione alle strutture sociali e politiche che lo precedettero e che lo seguirono, e sulla qualità intrinseca al fenomeno Urartu inteso come prima manifestazione politica di un'unità materiale nella storia della regione transcaucasica. I risultati ottenuti sottolineano l'importanza di spostare l'attenzione delle indagini archeologiche sulle culture autoctone nel Caucaso Minore per poter meglio concettualizzare lo sviluppo delle caratteristiche della cultura materiale del Ferro e la loro interazione con le strutture politiche di Urartu e degli Achemenidi.

Un secondo aspetto del progetto "Aramus Excavations and FieldSchool" è la sua configurazione come scavo scuola universitario che, tramite la didattica perseguita durante le missioni annuali, mira alla formazione di archeologi in un contesto complessivamente definibile "Free/Libre". Il corso universitario integra attivamente le conoscenze che lo studente acquisisce sul campo, accompagnandolo attraverso le singole fasi di ricerca ed interpretazione del dato archeologico. La FieldSchool è dunque un'esperienza concreta di scavo stratigrafico e di documentazione informatizzata delle evidenze antropiche emerse. Nel 2006 questo secondo aspetto è stato curato dalla società Arc-Team che si è avvalsa esclusivamente di software libero (ArcheOS[11]), situazione che ha permesso di porre le basi del progetto presentato in questo articolo.

2. Aspettative

L'obiettivo prefissato per quanto riguarda lo sviluppo della componente didattica della FieldSchool prevede la realizzazione del progetto DADP (Digital Archaeological Documentation Project[12]), una serie di tutorial riguardanti l'utilizzo di software libero in campo archeologico. L'idea di fondo, nonché la principale aspettativa, vorrebbe il commutarsi di questo insieme iniziale di lezioni su singoli argomenti (sono previsti testi, video-tutorial e video interattivi) in uno strumento didattico libero e aperto, aggiornabile ed integrabile liberamente (sistema wiki). Una volta terminato il livello didattico "base" (sono previsti esercizi organizzati su tre livelli di apprendimento: base, intermediate, advanced), tale strumento dovrebbe entrare a pieno titolo nell'insegnamento del corso di studio in Storia del Vicino Oriente Antico presso l'Università di Innsbruck.

Ogni singolo documento ed ogni dato relativo agli esercizi sarà rilasciato attraverso una licenza libera che preveda la possibilità di integrare e aggiornare il tutto con nuovi contributi di altri autori, sperando nella partecipazione di studenti e colleghi interessati. Il nostro più grande auspicio è che questo esperimento fornisca uno stimolo, all'interno del mondo scientifico, per spingere verso una sempre maggiore condivisione di dati, idee e strumenti.

3. Un'esperienza di condivisione

Abbiamo pensato di presentare in questa sede la nostra esperienza in quanto si tratta essenzialmente di un'esperienza di condivisione, argomento centrale quando si parla di software libero. Ci siamo infatti trovati più volte ad analizzare questa tematica sotto almeno tre aspetti:

(1) la condivisione degli strumenti (nel nostro caso il software libero e nello specifico ArcheOS);
(2) la condivisione della conoscenza (alla quale cerchiamo di arrivare per mezzo del progetto DADP);
(3) la condivisione dei dati (problema generalmente molto sentito in archeologia).

Nei prossimi paragrafi vorremmo descrivere brevemente la situazione attuale per quanto riguarda questi tre livelli di condivisione.

3.1. La situazione attuale nella condivisione degli strumenti

Nel prendere in esame la problematica della condivisione degli strumenti (i software), non abbiamo avuto particolari difficoltà, in quanto si tratta di un argomento che Arc-Team ha affrontato già da qualche tempo all'interno del progetto OpArc[13]. Uno degli obbiettivi raggiunti da tale progetto è la creazione di ArcheOS (un sistema operativo basato su GNU/Linux e corredato da software libero selezionato espressamente per la ricerca archeologica). Partendo da queste premesse non è stato difficile "liberarsi" dal software chiuso, vista anche la grande quantità e l'ampia scelta presente nel mondo FS/OS.

ArcheOS è infatti il sistema operativo utilizzato nella campagna di scavo di Aramus 2006. Durante quella spedizione la nostra scelta a favore del software libero è stata premiata sia durante la spedizione grazie ad una maggiore stabilità rispetto ai programmi utilizzati precedentemente (i computer con il sistema operativo cui si era fatto ricorso nella campagna del 2005 era inutilizzabile l'anno seguente a causa dell'enorme numero di virus, spyware e malware in generale), sia nella fase successiva di post-scavo grazie agli ottimi risultati raggiunti (a livello informatico).

In definitiva la situazione attuale riguardo la condivisione degli strumenti è molto incoraggiante proprio perché si dispone di un'ampia scelta di programmi liberi protetti da solide licenze (ad esempio la GPL). L'unico inconveniente, sebbene di anno in anno si stia notevolmente ridimensionando, si riferisce allo stadio di sviluppo ancora "embrionale" di alcuni programmi pertinenti ai campi più settoriali della ricerca.

3.2. La situazione attuale nella condivisione della conoscenza

Se si analizza lo status quo relativo alla condivisione della conoscenza (che è l'argomento centrale del nostro intervento), il panorama cambia leggermente. Infatti, se è vero che spesso disponiamo di un'abbondante documentazione riguardante i FS/OS (e non di rado rilasciata essa stessa con licenza libera FDL), è altrettanto vero che manca una documentazione che prenda in esame l'applicazione di questi software al campo archeologico (e questa è proprio la lacuna che speriamo di colmare con il progetto DADP). A nostro parere la mancanza di testi specifici è l'ostacolo maggiore per l'adozione del software libero in archeologia e pensiamo (o meglio speriamo) che risolvendo questo problema si possa dare una spinta determinante alla loro diffusione.

3.3. *La situazione attuale nella condivisione dei dati*

Infine la situazione attuale riguardo la condivisione di dati sembra essere la nota più desolante per vari motivi. In primo luogo esistono pochi esempi di effettiva condivisione di dati archeologici e spesso riguardano paesi esteri. In secondo luogo ogni paese fa riferimento a legislazioni differenti in materia di beni culturali.

Il problema della condivisione dei dati appare quindi il più complesso. Un possibile spunto per un'ipotetica soluzione di una situazione tanto complicata potrebbe essere la creazione di una licenza specifica per i beni culturali e archeologici. Una licenza del genere dovrebbe essere redatta sulla traccia delle altre licenze libere (GPL, FDL, CC, ecc...), ma probabilmente dovrebbe avere delle peculiarità tutte sue, soprattutto per garantire a chiunque l'accessibilità ai dati archeologici troppo spesso soggetti all'arbitrarietà di chi ne è in possesso[14].

4. Le problematiche affrontate

Per entrare più nello specifico del progetto qui presentato, descriveremo ora i principali problemi cui si è andati incontro e le soluzioni che si sono via via adottate.

4.1. *Problemi relativi alla condivisione degli strumenti*

Abbiamo già accennato che per la realizzazione del progetto DADP ci siamo basati sulla distribuzione ArcheOS, principalmente per poter garantire agli studenti-utenti di lavorare su di un sistema operativo sviluppato appositamente per il mondo dell'archeologia. Abbiamo inoltre visto che uno dei pochi problemi riguardanti la migrazione ai FS/OS è il ritardo che si registra in determinati ambiti (generalmente settoriali) rispetto ad alcune applicazioni proprietarie. Nella nostra esperienza abbiamo cercato di oltrepassare questo ostacolo utilizzando una combinazione di diversi programmi per ottenere lo stesso risultato che, a livello di software proprietario, si ottiene con un'applicazione stand-alone. I risultati ottenuti sono stati superiori alle aspettative.

A titolo di esempio riportiamo il caso relativo alla creazione di fotomosaici georeferenziati. Nel mondo del software chiuso, o dello shareware, esistono come dicevamo applicazioni stand-alone (Monobild©, RDF©, ecc...) per ottenere il raddrizzamento e la georeferenziazione delle immagini. Lo stesso procedimento si potrebbe ottenere utilizzando esclusivamente GRASS, ma la rigidità del programma, dovuta ad esigenze di precisione, richiede un numero troppo elevato di marche (nove) per le tempistiche di un cantiere archeologico (dove i tempi di raccolta dati sono generalmente ristretti). Di conseguenza, per la campagna di Aramus 2006 è stato messo a punto e testato da Arc-Team, un sistema che combina GRASS, e-foto e GIMP. Senza entrare nei particolari (eccessivamente lunghi da descrivere[15]), basti dire che sebbene il procedimento si discosti dalle procedure standard, i risultati ottenuti hanno superato in qualità i prodotti commerciali grazie all'indiscusso vantaggio di equalizzazione della luce tra le diverse foto.

4.2. I problemi relativi alla condivisione della conoscenza

Per quanto riguarda i tutorial, e quindi la condivisione della conoscenza, il progetto DADP prevede la creazione di una serie di esempi di applicazione pratica di FS/OS in archeologia. La difficoltà iniziale relativa alla scelta del formato e del mezzo attraverso cui divulgare i tutorial si è positivamente risolta, dopo una serie di prove (fallimentari) con vari formati di testo, con l'adozione di un sistema wiki. Si tratta di un sistema testato e sicuro (si pensi a Wikipedia), che permette la condivisione non solo di testi, ma soprattutto di immagini, file e filmati[16]. Inoltre è semplice ed intuitivo, oltre a presentare l'indiscusso vantaggio di poter essere aggiornato e corretto in tempo reale (un esempio è il tutorial riguardante la creazione di fotomosaici georeferenziati, che è stato più volte migliorato anche in corso di scrittura). Tutti questi vantaggi non sono riscontrabili in un semplice testo scritto, sia esso in formato digitale o su carta stampata. Inoltre un sistema wiki, attraverso la rete, può raggiungere un maggior numero di utenti-autori rispetto a qualsiasi pubblicazione cartacea. La forza principale di un sistema wiki è infatti la comunità che vi sta alla base.

4.3. I problemi relativi alla condivisione dei dati

In ultimo affrontiamo il problema, tuttora irrisolto, della condivisione dei dati. Si tratta di un passo obbligato, in quanto nell'ottica dei tutorial, gli esercizi proposti devono essere replicati dall'utente del DADP. Grazie alla disponibilità dell'Università di Innsbruck è stato possibile selezionare, utilizzare e quindi condividere i dati della campagna di Aramus. Bisogna però fare una precisazione: in questo caso la nostra esperienza non può essere considerata come un esempio di condivisione di dati nel panorama italiano, in quanto si riferisce alla realtà universitaria austriaca. Il problema principale per quanto riguarda la condivisione di dati archeologici rimane (a nostro avviso) quello della mancanza di una licenza specifica, che garantisca il libero accesso ai dati anche nel caso si tratti di materiale non ancora pubblicato (si potrebbe pensare a particolari restrizioni per questo genere di situazioni). A tale riguardo speriamo che si possa affrontare questo argomento all'interno dei prossimi incontri del workshop su "Open Source, Free Software e Open Format nei processi di ricerca archeologica", magari in un'ottica internazionale.

Un'altra problematica inerente la condivisione dei dati, riguarda la tipologia dei dati da condividere. In sostanza bisognerebbe considerare se nell'ambito di un progetto archeologico di scavo (ma non solo) sia il caso di condividere anche i dati grezzi, oppure solamente quelli elaborati. A livello teorico una buona documentazione per essere divulgata dovrebbe rappresentare una semplificazione della realtà analizzata, dovrebbero cioè essere filtrate tutte quelle informazioni (raccolte in via precauzionale, ma rivelatesi non necessarie) che creano un elemento di disturbo alla lettura della situazione registrata. Sotto questo aspetto sarebbe quindi sufficiente condividere solo i dati elaborati, essendo elevato il rischio che i dati grezzi creino confusione. Una scelta del genere precluderebbe però a chiunque la possibilità di controllo sulle conclusioni raggiunte, impedendo quindi che vengano formulate ipotesi alternative. I dati elaborati potrebbero cioè fornire una visione non oggettiva (ma già interpretata) della realtà indagata.

A tale proposito il parere di chi scrive è che sia consigliabile comunque condividere anche i dati grezzi, non solo per favorire un eventuale dibattito scientifico, ma anche per fornire la possibilità a chiunque sia interessato di ripercorrere le tappe e i processi mentali che hanno portato alle conclusioni presentate, evitando così di richiedere una sorta di "atto di fede" riguardo al proprio operato. Anche sotto questo aspetto comunque la nostra esperienza non può considerarsi un esempio, in quanto, essendo i dati funzionali ai tutorial, abbiamo condiviso sia i dati grezzi che quelli elaborati.

Concludiamo presentando un caso che si è verificato durante la realizzazione del progetto DADP e che è un chiaro esempio di sviluppo positivo della condivisione dei dati con ottica FS/OS. Per determinati tutorial avevamo bisogno di specifici dati, che la campagna di Aramus non era in grado di fornire. Si è sopperito a tale mancanza utilizzando materiale relativo ad un'altra campagna di scavo condotta dall'Università di Innsbruck in Iraq. Si è cioè creato un meccanismo virtuoso di contaminazione che richiama, ma in senso positivo, la definizione "virale" che Bill Gates attribuisce alla licenza "GPL".

5. Conclusioni

Vorremmo terminare fornendo brevemente alcune informazioni tecniche riguardo al progetto, che rimane (e rimarrà anche in futuro) un "work in progress", soggetto a migliorie e modifiche, necessarie a mantenere un prodotto aggiornato.

L'attuale sito in cui si possono trovare i tutorial è ubicato al seguente indirizzo: http://vai.uibk.ac.at/dadp/.

I testi saranno disponibili in almeno tre lingue (inglese, tedesco e italiano), ma qualsiasi ulteriore traduzione è bene accetta. Ogni tutorial riporterà i nomi degli autori principali e di quelli di ogni contributo (modifiche, aggiornamenti, correzioni, ecc...), oltre naturalmente a quelli dei traduttori.

Attualmente sono previsti una ventina di tutorial (tabella 1) su argomenti tecnici riguardanti l'utilizzo di software libero, ma ogni testo attinente la disciplina archeologica è ovviamente il benvenuto. In futuro si spera che il sistema wiki diventi un contenitore non solo di testi, ma anche di altri tipi di risorse (filmati, software, dati, informazioni riguardanti scavi, ecc...).

Almeno inizialmente i contributi esterni verranno sottoposti ad una valutazione prima di essere integrati nel sistema, per evitare contenuti inappropriati; verrà adottato un modello di sviluppo simile a quello di tanti software liberi come GRASS, con una chiave d'accesso per le modifiche da rilasciare agli autori interessati a contribuire al progetto.

Chiunque voglia integrare il progetto lo può fare scrivendo ad uno dei seguenti indirizzi: luca.bezzi@arc-team.com, alessandro.bezzi@arc-team.com.

Notes

[*] Arc-Team s.n.c.
[†] Dipartimento di Orientalistica e Storia Antica, Università di Innsbruck
[1] Sandra Heinsch e Walter Kuntner.
[2] Haik Avetisyan.
[3] Pavel Avetisyan.
[4] Lindsay e Smith 2006, p. 173.
[5] Khanzadyan 1979.
[6] P. Avetisyan e Bobokhyan 2008.
[7] H. Avetisyan 2001, pp. 37-50
[8] Smith e Kafadarian 1996, p. 36.
[9] H. Avetisyan e Allinger-Csollich 2006.
[10] Kuntner, Heinsch e H. Avetisyan in press.
[11] http://www.archeos.eu/
[12] http://vai.uibk.ac.at/dadp/
[13] Open Archaeology (http://www.arc-team.com)
[14] "... aveva negli occhi la gelosia e il sospetto dell'archeologo..." Robert Byron, La via per l'Oxiana.
[15] Si veda a tal proposito il tutorial riguardante la creazione di fotomosaici georeferenziati.
[16] Supporti essenziali in un progetto didattico.

Riferimenti bibliografici

Avetisyan, H. (2001). Aragats (Excavations of the urartian fortress). Yerevan.

Avetisyan, H. e W. Allinger-Csollich (2006). «The Fortress of Aramus: Preliminary Report of Excavations in 2004 and 2005». In: *Aramazd. Armenian Journal of Near Eastern Studies* 1, pp. 105-134.

Avetisyan, P. e A. Bobokhyan (2008). «The Pottery Traditions of Armenian Middle to Late Bronze Age 'Transition' in the Context of Bronze and Iron Age Periodization». In: *Ceramics in Transitions: Chalcolithic through Iron Age in the Highlands of the Southern Caucasus and Anatolia, Conference held at New York in November 2004*. A cura di Rubinson K. e Sagona A. Ancient Near Eastern Studies Supplement 27. Leuven, pp. 123-183.

Khanzadyan, E.V. (1979). *Elar-Darani*. Yerevan.

Kuntner, W., S. Heinsch e H. Avetisyan (in press). «The Fortress of Aramus in Achaemenid Times». In: *Persepolis and his Settlements. Territorial System and Ideology in the Achaemenid State. Proceedings of the conference held in Viterbo, 16-17th December 2010*. A cura di G. P. Basello e V. Rossi.

Lindsay, I. e A.T. Smith (2006). «A History of Archaeological Practices in Armenia and the South Caucasus». In: *Journal of Field Archaeology* 31.2, pp. 165-184.

Smith, A.T. e K. Kafadarian (1996). «New Plans of Early Iron Age and Urartian Fortresses in Armenia: A Preliminary Report on the Ancient Landscapes Project». In: *Iran* 34, pp. 23-37.

Argomento	Titolo	Programmi
Open Source e Free Software	Introduzione generale sui concetti di Open Source e Free Software	GNU/Linux
OS/FS in archeologia	Introduzione ad ArcheOS (applicazioni utili in archeologia)	ArcheOS
GIS (2D) - scavo	Elaborazione di coordinate e loro importazione in un GIS	Kwrite, Open-Jump
GIS (2D) - scavo	Creazione di fotomosaici georeferenziati	GRASS, efoto, GIMP
GIS (2D) - scavo	Vettorializzazione di fotomosaici	OpenJump
GIS (2D) - scavo	Gestione di un progetto in Open-Jump con reperti e creazione di un database	OpenJump
CAD - scavo	Creazione di un sistema di coordinate	QCAD
CAD - scavo	Digitalizzazione di un fotomosaico	QCAD
GIS (3D) - scavo/studio	Creazione di un DEM	GRASS
GIS (3D) - studio	Analisi territoriali (slope, aspect, contour, viewshed, ...)	GRASS
GIS (3D) - studio	Cost analisys	GRASS, SAGA
GIS (2D)	Visualizzazione dei dati	QGIS, GRASS
Grafica (3D)	Ricostruzione di vasi e solidi di rotazione	Blender
Database	Creazione di un database	PostgreSQL, PHPPgAdmin
Database	Creazione di una scheda US (recording sheet)	OpenOffice.org Base
Stereorestituzione fotogrammetrica	Ricostruzione di una struttura	Stereo
Voxel	Ricostruzione di un deposito stratigrafico	GRASS, Paraview
WebGIS	Creazione di un WebGIS	MapServer, MapLab, Pmapper
Grafica 3D	Introduzione generale	Blender
Stereorestituzione fotogrammetrica	Ricostruzione di un DEM da una coppia di foto stereo	efoto
Elaborazione di dati da laserscan	Gestione di nuvole di punti	Scanalyze
Webpublishing e condivisione di dati	Creazione di un "finto 3d" e di una pagina HTML	3DNP
Grafica vettoriale	Introduzione generale (Harris Matrix, ...)	Inkscape
Grafica raster	Introduzione generale	Gimp

Tabella 1: Progetto tutorial di archeologia e Open Source – Free Software

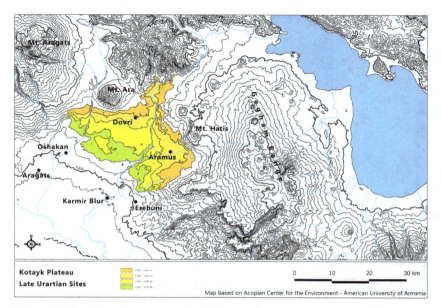

Figura 1: Localizzazione geografica di Aramus

Figura 2: La distribuzione GNU/Linux ArcheOS

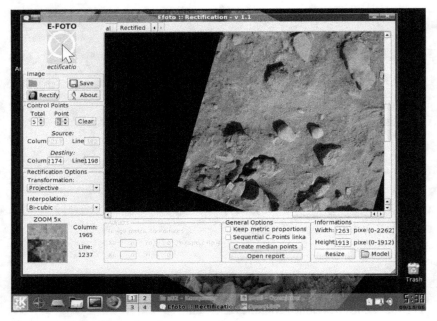

Figura 3: L'interfaccia di e-foto

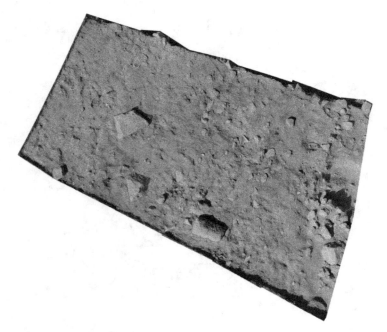

Figura 4: Metodo per il fotomosaico

CAPITOLO 3

Knossos: un database di scavo open source per l'archeologia

Damiano Lotto*, Francesco Biscani†, Sebastiano Tibolla‡

SOMMARIO. Il contributo ha lo scopo di presentare dal punto di vista sia metodologico che funzionale il processo di creazione di un ideale database open source indirizzato specificatamente all'impiego archeologico.

Il programma presentato è basato su formati e standard open source: si tratta di un'applicazione programmata in C++ utilizzando le librerie Qt (versione 4), multipiattaforma, con capacità di gestione e connessione ai più diffusi database open source (tra i quali MySQL, PostgreSQL, SQLite).

ABSTRACT. *This paper shows the development process of a ideal open source database specifically oriented to archaeological work, with the focus centered on the metodological approach and on the software functionality. Knossos is based on open source formats; it's developed in C++ with Qt libs (version 4) and is studied to be multiplatform, with the feature to connect to the most used open source databases, like MySQL, PostgreSQL, SQLite.*

1. Una premessa

Quando questo contributo venne presentato il focus della discussione era incentrato su "come fare un buon database archeologico?". Ma ora, a distanza di anni, al momento invece della sua pubblicazione, il focus è molto diverso: cosa di un'esperienza purtroppo fallimentare[1], può essere utile al presente?

Riproponiamo dunque le riflessioni che ci avevano mosso nella costruzione di "Knossos", cosí come le avevamo pensate allora: non più come propedeutica di presentazione a un "prodotto", ma come parole in libertà sui processi che portano a comprendere come funzionano questi sistemi "delicati". Un esercizio non di stile, ma utile come riflessione scatenante; spesso nel mondo degli archeologi anche spunti minimi come questo contributo (che parte, si può dire, dalle "basi" del problema) possono risultare molto fruttosi.

2. I problemi

La presenza e l'importanza di un database informatizzato nella pratica archeologica, specie quella di scavo, sono principi per i quali non occorre alcuna discussione: fondamentale invece discutere la metodologia di approccio.

Due punti devono essere tenuti presenti: la struttura del database, che deve rispecchiare i canoni e le esigenze della ricerca e salvare contemporaneamente la funzionalità, e la portabilità dei dati. Per "portabilità" si intende la possibilità di far circolare, confrontare, recuperare ed analizzare in ogni ambiente (software) e momento i propri dati.

Già da qualche tempo è divenuto sempre più evidente come in Archeologia, come pure nella prassi di ricerca scientifica in genere, la scelta dell'impianto software utile non possa che ricadere su strumenti Open Source: questi infatti garantiscono (con un risvolto economico non indifferente) il soddisfacimento dei due punti precedenti, offrendo ben pochi punti problematici, e anzi, "per loro stessa natura" sono portati all'apertura e allo scambio (di formato e di dati).

Tuttavia, sia dal punto di vista generale, cioè della difficoltà di gestire un database come tale, sia dal punto di vista più particolare, delle problematiche maggiormente collegate alla scelta del software da implementare, cioè software libero, esistono diversi problemi.

Parlando di database in senso stretto, esiste l'esigenza di trovare soluzioni standard, sia dal punto di vista dei formati che della struttura dei dati. Se per *i formati* la soluzione dovrebbe essere intrinseca nell'utilizzo di prodotti open source, risultando comunque necessario fornire un'apertura anche verso formati chiusi, per quanto riguarda *la struttura* il primo problema nasce proprio in seno all'utilizzo finale del database per fini archeologici; infatti, nella realtà pratica ogni scavo ha il suo database, adattato alle specifice esigenze di quel contesto particolare e alle specifiche "forme mentali" dell'operatore che lo implementa. A questo si aggiungono i problemi relativi alle competenze dell'utente finale, ovvero chi deve adoperare il database, sia nel momento dell'immissione dei dati, sia nelle fasi successive, come l'elaborazione, recupero ecc. degli stessi.

Spesso i prodotti open source vengono tacciati di un giudizio che va dal cauto "sono complessi" da usare, allo sfiduciato "sono solo per esperti". Senza entrare nel merito di questa questione, si dovrà cercare una soluzione finale che si riveli essere semplice e immediata, a qualsiasi livello di utilizzo (e di utilizzatore), mantenendo salva la potenza di analisi.

Quello che viene richiesto, insomma, è un database potente, semplice, adattabile; Knossos vuole essere allora: potente, utilizzando come database MySql; semplice, grazie a un'interfaccia semplice e intuitiva; adattabile, perchè esportabile su qualsiasi database Sql compatibile.

3. In pratica

Occorre qui fare qualche premessa: caratteristica principale di un database come MySql è la distinzione tra la parte server e quella client del programma; un server è una componente informatica che fornisce servizi ad altre componenti (tipicamente chiamate appunto client) attraverso, solitamente, una rete. Questa distinzione, non presente nei software commerciali, offre diversi vantaggi, il maggiore dei quali si evidenzia proprio in fase di definizione della struttura del database stesso. Infatti nel processo di strutturazione della banca dati utilizzando un programma commerciale è gioco-forza impostare il lavoro partendo dalla maschera (il client, in questo caso), o perlomeno considerare come secondaria la struttura delle tabelle. Questo comporta che le relazioni tra gli elementi del database potranno essere non ottimizzate, rindondanti o addirittura errate, tanto da impedire la funzione principale della banca dati stessa: il recupero e l'analizzabilità dei dati. Invece l'approcio che parte dal server e si occupa poi di costruire su di esso il client, consente di definire da subito relazioni coerenti e l'ottimizzazione del database.

Un altro vantaggio di questo sistema è che diversi client possono connettersi a un singolo server, il che si traduce in diversi operatori che contemporaneamente possono lavorare su un unico database, accedendo da diversi terminali. Questi terminali non necessariamente devono essere vicini al server, ovviamente, ma possono essere anche connessi via internet, senza necessitá di installare nessun altro software sui computer client, di importare su diverse macchine il database e di non poter sincronizzare in tempo reale e in sicurezza la banca dati.

Infine, la distinzione client-server consente un'operazione impossibile con i vari software commerciali: poter scegliere se utilizzare un certo client (maschera) piuttosto che un altro, oppure connettere il medesimo client a un diverso server, ovvero poter disporre di quella facoltà di scelta che sta alla base del concetto di open source. Infatti, se Knossos fosse un software chiuso, l'utente dovrebbe accontentarsi dell'interfaccia che è stata già scelta per lui, o di una struttura del database che non corrisponde alle sue esigenze. Invece in questa maniera l'utente potrà tenere quello che di Knossos ritiene valido, che sia l'interfaccia o il database, e sostituire l'uno o l'altro con altre soluzioni, o anche con una propria.

Parte centrale di Knossos è quindi il database: ma in che maniera è stato realizzato? Nel campo archeologico, come già detto più sopra, un rischio sempre presente è la "personalizzazione" della struttura del database: processo che porta alla non standardizzazione.

Diversi approcci possono essere tentati per risolvere questo problema: un primo approccio poteva essere dunque quello massimalista, cioè di inserire tutti i campi possibili. Ma naturalmente, vista l'estrema variabilità della casistica possibile, questo sarebbe risultato ingestibile. Oppure si sarebbe potuto scegliere l'altro estremo, ovvero non programmare nessuna struttura, e proporre un "semplice" gestore di database. Questo avrebbe portato però all'errore iniziale.

La sola soluzione praticabile è parsa dunque quella di procedere alla realizzazione di un database preformattato. Nella fase iniziale, orientativa, di strutturazione del database, ci si è rivolti a cercare innanzitutto se esistessero altre soluzioni precedenti e in verità queste non mancano, soprattutto nei paesi anglosassoni; ma anche in Italia sono stati prodotti software o database di scavo, che condividono però la stessa sorte dei prodotti stranieri: la maggior parte di queste esperienze non hanno avuto seguito o sono rimaste legate a programmi ormai obsoleti, oppure sono state realizzate su piattaforme non libere. Causa principale dell'abbandono di questi progetti è apparsa essere ancora la mancanza di standardizzazione. Un progetto iniziato da pochi non trova consensi presso gli altri utenti, i quali preferiscono sempre ricorrere a soluzioni personali.

In Italia esistono diverse schede utilizzate per registrare i dati di scavo, la maggior parte delle quali sono versioni "alleggerite" delle schede ministeriali. L'ICCD (l'Istituto Centrale per la Catalogazione e Documentazione) ha prodotto diversi tipi di schede, per il Saggio Archeologico, Sito Archeologico, Reperti, ecc. Queste schede tuttavia propongono una struttura dei dati che è quella del supporto cartaceo, ovvero con ripetizione degli stessi elementi di scheda in scheda, ridondanze, specificazioni particolareggiate in certi punti e assolutamente insufficienti in altre, campi non generalizzabili nè astraibili. Soprattutto la struttura di queste schede, al di lá dei campi, che siano utili o meno, o integrabili, non può assolutamente essere riportata così com è in quella di un database informatico, pena la distruzione della coerenza interna del database stesso.

Non da ultimo, è vero che lo "standard" indicato dal ministero vuole appunto presentarsi come *standard*, a cui ci si dovrebbe uniformare per avere dati uniformi su tutto il terreno nazionale. Tuttavia per come è strutturato lo schema dei dati ministeriale, ci si trova davanti a quanto di meno standard sia possibile incontrare: infatti questa struttura dati ottiene il risultato inverso a quello che si propone di fare: rende inconfrontabili i dati. Questo fatto discende proprio dalla struttura delle schede, che danno adito a diverse interpretazioni (ovvero, aumentano la possibilità di errori e di non-uniformità), sono troppo varie e soggettive e hanno una struttura non informatica.

In più, nell'ottica di rendere Knossos il più possibile "compatibile", e quindi "esportabile" anche all'estero, non si può far certo riferimento esclusivo alla normativa italiana[2]: l'obbiettivo sarebbe quello di enucleare entità logiche minime confrontabili il più possibile generali.

Partendo quindi comunque dal set di informazioni richieste a livello ministeriale da riversare nel database e tenendo anche conto delle esigenze di raccolta dei dati del lavoro da campo, il database di Knossos è stato concepito avendo sempre bene in mente come requisito fondamentale di *mantenere minimo il numero di tabelle*. Questo risulta spesso difficile quando soprattutto si ha a che fare con una classificazione e un'astrazione difficile come queste che si sono tentate nel razionalizzare la complessità del record archeologico. Si tratta infatti di individuare entità logiche minime condivisibili, che siano accettabili sia dal punto di vista della coerenza del database che dell'utente finale (l'archeologo). Il tentativo operato con Knossos non si pone naturalmente come un punto di arrivo, ma bensì di partenza, laddove il fruttuoso apporto degli utenti e degli utilizzatori porti il suo prezioso contributo e la sua esperienza.

Il problema principale nell'astratizzare il record archeologico è stato individuato nella gestione e nella comprensione delle relazioni presenti, o postulabili, tra le varie entità. Un gran numero di relazioni, infatti, è del tipo "molti a molti" (n:n); ciò rende impossibile avere campi univoci. Molte relazioni conducono a produrre molte tabelle, rendendo pesante il database e le operazioni a suo carico. Una possibile soluzione che abbiamo proggettato è stata quella di inserire tutti i dati di questo tipo in un singolo campo, separando i vari valori tramite una stringa arbitraria (come ";"). Il client, e non il database, è a questo punto costretto a portare tutto il carico dell'elaborazione dei dati e delle query: non è possibile per il database gestire una query con questo sistema, e solo a livello software si possono distinguere tra i dati veri e propri e la stringa adoperata ("passando" solo i dati). Tuttavia creare una query solo via client (con l'implementazione di questo sistema con separatore arbitrario) può essere problematico; stiamo tuttora valutando altre alternative tramite le quali mantenere basso il numero di tabelle (e mantenere una struttura interna ottimizzata e coerente).

Per non rompere la compatibilità con i vari altri database e garantire la portabilità dei dati, si è deciso di implementare le varie funzioni non a livello del database, ma di client/programma. Anche la *consistenza* delle relazioni è mantenuta tramite la gestione delle relazioni non a livello server, ma a livello client: c'è però da dire che affidando tutto il carico del lavoro al client possono sorgere alcuni problemi. Infatti, passando attraverso il client per ogni operazione, si possono moltiplicare gli errori (ci sono da considerare anche gli errori a livello del codice client) e rallentare le operazioni di analisi (c'è un passaggio in più da compiere, infatti, visto che non è il database a compiere le query direttamente, ma il client che interroga il database). Si sta perciò procedento parallelamente allo sviluppo del software con questo sistema anche a un processo di ottimizzazione del database, per provare a eliminare i problemi strutturali che hanno condotto a cercare la soluzione sopra esposta.

Infine le etichette dei campi sono state tutte tradotte in inglese: sia perchè in inglese non esistono accenti e certi caratteri speciali presenti in italiano, evitando così certi banali errori e incompatibilità con database diversi (nel caso si vogliano esportare i dati immessi con Knossos in un altro database, come PostgreSQL, SQLite o altro), in secondo luogo perchè l'internazionalizzazione del software è uno dei primi passi da compiere se si vuole arrivare a proporre uno standard applicativo.

4. L'interfaccia

Diversamente da altri tipi di database, il progetto di Knossos prevede un'interfaccia disarticolata dall'impostazione tradizionale che procede per tabelle. Nel senso che, sebbene in molti prodotti commerciali e non la parte che comprende le tabelle sia mascherata all'utente, comunque a livello di interfaccia viene ripresa una struttura "rigida", tabellare e schematica. Ogni scheda con i dati è su di una pagina a sè stante. L'idea di Knossos è invece quella di presentare in una sola finestra tutte le tabelle e i dati.

Il risultato finale dovrebbe essere quello di avere delle schede a "linguetta" estraibili, cliccando sulle quali si apre il menù relativo alla scheda (ad esempio: la scheda SITO); in questo modo ogni punto del database è raggiungibile dalla pagina principale. In più ogni scheda presenterà una barra per la ricerca rapida all'interno di quella maschera/tabella, con un wizard per le query o con la possibilità di digitarne una direttamente a mano.

Ogni "linguetta" mostrerà in forma di elenco i dati (ad esempio: la scheda Us presenterà l'elenco delle Us) su ciascuna delle quali sarà possibile cliccare per aprire la scheda completa (nell'esempio, i dati per la singola Us). Trovare la scheda richiesta sarà possibile, come detto, grazie alla barra per la ricerca rapida.

Questo metodo ci pare particolarmente semplice e utile in quanto mantiene valida la funzione basilare del database, al di là delle possibilità di analisi, cioè quella di rendere recuperabili i dati. Una grande parte dei dati utili, specie nel doposcavo, sono quelli relativi alla documentazione: documentazione bibliografica, documentazione grafica (disegni di scavo, fotopiani, vettoriali dei rilievi, fotografie dei reperti, ecc.). Altra caratteristica importante la gestione delle fotografie. Questa sarà implementata tramite un vero e proprio "gestore di album di foto", con tutta la semplicità e fruibilità che questa soluzione comporta.

La possibilità di poter accedere facilmente e direttamente a questi dati e di averli, per così dire, sempre "sottomano", ci sembra una funzione fondamentale di un database.

Insieme con lo sviluppo di questa interfaccia, che, come risulta evidente, è di tipo client si stava pensando anche allo sviluppo di un'interfaccia server-side utile per accedere al database anche da PC su cui non è stato installato Knossos. Questo obbiettivo potrebbe essere realizzato o tramite un server remoto con PHP o Python o tramite un applicativo server vero e proprio in C++ dotato di interfaccia web.

5. Aggiornamento sullo stato del progetto al 2012

Al momento della presentazione del progetto, nel 2007, il database Knossos pareva destinato a un rapido sviluppo; esistevano le risorse, esisteva un gruppo di lavoro ben affiatato. Ma come nel testo sopra ci si lamentava dei troppi progetti per un database archeologico (o dei "beni culturali") andati a finire male, anche in questo caso ci si deve arrendere all'evidenza di una (forse) "bella" idea che non ha purtroppo avuto seguito.

Nel testo si additava, come causa del fallimento dei progetti, principalmente il problema del non standardizzare: si propongono certe strutture dei dati, ma queste non vengono accolte. In parte è stato così anche per Knossos. La sua struttura dati non ha incontrato il favore di chi avrebbe poi dovuto impiegarlo, tanto da portare al congelamento del progetto, prima, e del suo definitivo cancellamento, poi, quando sono intervenuti altri problemi (come lo scioglimento del gruppo di lavoro, la mancanza di finanziamenti).

Qual è stato il tallone d'Achille di Knossos? Ci sentiamo forse di ricercarlo nell'eccessiva ricerca di standardizzazione. Si voleva un progetto che fosse utilizzabile in ogni contesto, sia nella struttura dei dati, sia nel vocabolario con il quale i dati avrebbero dovuto essere trattati. Per molti un database dovrebbe essere invece "costruito ad hoc", di esigenza in esigenza. Anche questo è vero, ma "costruito ad hoc" non vuol dire di rinunciare del tutto a minimi concetti atomici che sottendano all'intero impianto della ricerca (in questo caso archeologica).

Lo standard ICCD, pur non essendo, come detto sopra, affatto uno standard, è di fatto l'unico punto di riferimento in materia; tuttavia nemmeno esso viene preso in considerazione da tutti (anzi, da molto pochi). Se potessimo riprendere in mano il progetto, incominceremmo (e in parte, dobbiamo dire che già nel 2008, prima del congelamento, eravamo partiti da qui) proprio dall'ICCD. Tuttavia non credo che rinunceremmo nemmeno questa volta a proporre una struttura dati solida e ben ragionata, una struttura dati che cerchi di rendere conto degli atomi minimi di cui sono composti i processi della ricerca archeologica.

Notes

* Università degli Studi di Padova, Dottorato di Ricerca in Scienze Archeologiche.
† Università degli Studi di Padova, Dottorato di Ricerca in Scienze Astronomiche, collaboratore a contratto E.S.A.
‡ Database, Web Designer, sviluppatore software.
[1] Vedi l'ultima sezione.
[2] In questo senso, c'è da tenere conto per esempio che nelle schede ministeriali sono presenti numerosi campi che contengono dati relativi alla posizione amministrativa del sito sul territorio nazionale, ovvero comune, diocesi, ecc., divisioni che negli altri paesi sono diverse. In questo caso i campi sono stati pensati e organizzati per coprire il più possibile le diverse e più diffuse realtà amministrative esistenti.

CAPITOLO 4

Accessibilità dei dati e libertà di ricerca in archeologia: utopia o diritto?

Tsao Cevoli*

SOMMARIO. Il contributo esamina lo stato attuale dell'accessibilità dei dati e della libertà di ricerca in archeologia nel nostro Paese, partendo dalla rilettura delle considerazioni fatte negli ultimi decenni da alcuni dei massimi esponenti del mondo accademico italiano sul sistema di tutela e di gestione dei beni culturali vigente. Osservazioni molto critiche, a tratti quasi feroci, che rivelano il profondo malessere dell'archeologia italiana e il mai sanato conflitto tra i suoi tre attori: le Soprintendenze archeologiche, le Università e gli archeologi non strutturati in nessuno dei due altri soggetti, definiti alternativamente "liberi professionisti", "collaboratori esterni" o semplicemente "soggetti".

ABSTRACT. *This article underlines the current conditions of data accessibility and research freedom in Italian archaeology, starting from considerations done in the last decades by some higher representative of academic world about the current protection and management system of cultural heritage. Very critic observations, sometimes almost fierce, that testify the deep unease of Italian archaeology and the unresolved conflict among their three actors: the Ministry, Universities and the field archaeologist, defined as "freelance", "external co-worker", or simply "subject".*

Vorrei iniziare questo contributo sull'accessibilità dei dati e la libertà di ricerca in archeologia partendo da alcune considerazioni di Riccardo Francovich sul sistema di tutela e di gestione dei beni culturali in Italia[1]. Le sue osservazioni appaiono molto critiche, a tratti quasi feroci, ma non costituiscono affatto un caso isolato all'interno del mondo accademico italiano, rivelandosi anzi solo uno dei tanti sintomi del profondo malessere dell'archeologia italiana e di un mai sanato conflitto tra i suoi due principali attori: le soprintendenze archeologiche e le università. Ecco le parole di Francovich[2]:

«Se la situazione del patrimonio culturale del nostro paese si trova nelle condizioni disastrate che conosciamo, lo si deve all'amministrazione di una struttura accentrata come il Ministero per i Beni Culturali, che fino ad ora ha gestito tutto il patrimonio in modo egemonico. Pertanto non credo possibile che il trasferimento delle competenze alle Regioni possa peggiorarla. Alle Regioni è già demandata la gestione di settori vitali della società, come l'urbanistica o la salute dei cittadini: perché non dovrebbero essere in grado di gestire anche questo settore delle risorse nazionali? [...] Come è infatti possibile gestire la risorsa archeologica o il patrimonio architettonico fuori o contro la materia urbanistica? [...] Per esempio la cartografia archeologica, unico strumento di reale salvaguardia del patrimonio, è lontana da ogni iniziativa ministeriale o di soprintendenza, ed è promossa invece da Università, Regioni ed enti locali. [...] la forte tendenza all'isolamento nella formazione e nella gestione rendono le strutture di tutela un corpo estraneo alla società civile e agli amministratori. [...] Altro nodo che si potrà sciogliere soltanto delegando alle Regioni, è quello delle inammissibili condizioni di monopolio in cui è praticata la tutela del patrimonio archeologico e architettonico, dove i funzionari si trovano a svolgere nello stesso tempo il ruolo di operatori e di controllori di se stessi. è ovvio che essi entrino costantemente in conflitto sia con i poteri locali, sia con gli altri soggetti pubblici e privati che generalmente operano con capacità e incisività. In questo quadro, la certezza che le Soprintendenze siano gli "unici presidii della tutela ancora efficaci" è inconcepibile, anzi castiga le apprezzabilissime iniziative innovatrici promosse sempre più spesso da enti locali e da istituti di ricerca pubblici e privati. [...] Quando parlo di decentramento regionale, voglio indicare un sistema nel quale non si riproduca in piccolo il centralismo nazionale. A livello regionale deve esistere una commissione mista, formata di archeologi delle autonomie locali (provenienti dall'amministrazione statale e da quelle degli enti locali), di accademici e ricercatori scientifici, e di amministratori, avente funzione di programmazione e di verifica, mentre la gestione della risorsa archeologica deve essere articolata per province e comuni. Al Ministero centrale devono essere riservati compiti di controllo degli standards operativi e funzioni di surroga nei casi di inadempienza da parte delle strutture regionali. Per venire ai problemi specifici sollevati dai quesiti sulla ricerca archeologica in Italia, devo dire che il generale silenzio della collettività scientifica sui problemi della gestione dei beni culturali è dettato anche dalla soffocante e illiberale situazione attuale, che in molti casi reprime la possibilità di esprimere la propria opinione, pena l'impedimento a svolgere la ricerca in condizioni di libero e sereno confronto. Come è possibile che l'unico soggetto che conduce in forma monopolistica la ricerca archeologica (il Ministero con le sue Soprintendenze) sia allo stesso tempo la struttura di controllo di tutti gli altri soggetti concessionari, che non godono di alcuna reciprocità? In una situazione che, per esempio, vede gli organi di tutela detenere il potere in materia di "vincoli" archeologici sul territorio, non sono mancati casi nei quali

le Soprintendenze archeologiche hanno anche oggettivamente ricattato gli enti locali, imponendo loro di orientare investimenti sui propri cantieri e sulle proprie iniziative, e togliendo spazio vitale agli istituti di ricerca e ai soggetti privati. Quanto affermato (e ampiamente dimostrabile) evidenzia che la ricerca archeologica in Italia non è libera. Per amor di patria preferisco non fare cenno all'accesso ai materiali conservati nelle strutture di tutela, anche quelli scavati o recuperati nel secolo scorso, che sono oggetto di uso personale di singoli funzionari, i quali li precludono ad ogni uso scientifico e piuttosto li fanno giostrare in funzione di potere, generalmente off limits per il mondo della ricerca. [...] In Italia non esiste alcuna forma di programmazione della ricerca archeologica. [...] Ancora peggio, non esiste un piano per la cartografia archeologica nazionale (unico paese europeo in questo stato) [...] Soltanto un diverso equilibrio tra tutela e ricerca, e quindi tra Ministero per i Beni Culturali e Ministero della Ricerca Scientifica, potrà forse iniziare a mutare l'attuale disastrosa condizione».

L'occasione di questo articolato e durissimo *j'accuse* di Francovich fu un dibattito acceso anni fa da alcune provocatorie domande rivolte alla comunità scientifica da Raffaele De Marinis, docente alla Facoltà di Lettere dell'Università di Milano, con precedenti esperienze nelle Soprintendenze Archeologiche, e Francesco Fedele, docente alla Facoltà di Scienze dell'Università di Napoli. Domande tanto provocatorie quanto schiette. Le riporto alla lettera: «*1) L'articolo 33 della Costituzione stabilisce che l'arte e la scienza sono libere: la ricerca archeologica in Italia lo è? 2) L'attuale sistema delle "concessioni di scavo", l'unico in Italia a consentire a ricercatori o istituti di "fare" archeologia sul terreno, è valido o deve essere rivisto? 3) Esiste in Italia una programmazione scientifica della tutela e della gestione dei siti archeologici? 4) è produttivo che al Ministero dell'Università e della Ricerca scientifica sia negato ogni potere decisionale nel campo dello scavo archeologico e in generale delle ricerche archeologiche sul terreno, oggi monopolio esclusivo del Ministero per i Beni Culturali e Ambientali? 5) Bisogna mantenere l'attuale controllo statale e centralizzato dei beni culturali, archeologici in particolare, o è auspicabile progettare un decentramento?* ».

Oltre a Francovich, intervennero nel dibattito, fra gli altri, Francesco D'Andria, della Scuola di Specializzazione in Archeologia dell'Università di Lecce, Gian Pietro Brogiolo, dell'Università di Padova, anch'egli già funzionario di soprintendenza, e Mario Torelli, dell'Università di Perugia. Interessante notare la coincidenza di valutazioni tra Riccardo Francovich e Francesco D'Andria[3]. Ecco alcuni passaggi dell'intervento di D'Andria:

«La ricerca in Italia nonostante l'art. 33 della Costituzione, è vincolata da una serie incredibile di prescrizioni, di leggi e di regolamenti, da pregiudicare gravemente il libero svolgimento. [...] Il sistema delle "concessioni di scavo" costituisce a tutt'oggi l'unico quadro di riferimento normativo al quale devono attenersi quanti svolgono la ricerca archeologica sul terreno (Istituti universitari, Scuole di Specializzazione in Archeologia, Musei Archeologici civici e provinciali, Istituti Archeologici stranieri ecc.). La struttura del Ministero Beni Culturali, rigidamente accentrata, burocratizzata e in molti casi inefficiente, tende costituzio-

nalmente ad esercitare un controllo su tutte le attività di ricerca, dallo scavo alla prospezione, alla catalogazione dei materiali conservati nei Musei. Il Ministero Beni Culturali svolge nei fatti un'azione di chiusura verso l'esterno. [...] Né la normativa giuridica vigente, né la organizzazione del Ministero, né la formazione del personale sono in grado di svolgere una efficace azione di conoscenza, tutela e conservazione del patrimonio archeologico [...] Il Ministero Beni Culturali ed il MURST, pur avendo siglato un accordo di programma per la collaborazione nella tutela dei Beni Culturali, hanno sinora sistematicamente disatteso tali impegni.

L'attuale situazione di frattura tra i ministeri diventa sempre più perniciosa man mano che si attivano i Corsi di Laurea in Beni Culturali creati per formare tecnici in un settore strategico nello sviluppo economico del Paese con enormi possibilità occupazionali per le masse di giovani disoccupati. Appare chiara l'impossibilità nell'attuale struttura del Ministero di far fronte ai crescenti impegni per la tutela della nostra maggiore risorsa nazionale. È evidente che bisognerà superare l'attuale sistema di controllo centralistico e burocratico dei Beni Archeologici e la separazione tra enti di tutela e di ricerca. L'unica strada per superare l'attuale gravissima situazione sta nel decentramento delle competenze del Ministero al quale come nel resto d'Europa, dovranno essere riservati compiti d'indirizzo e di coordinamento.

Per quanto riguarda la ricerca sul terreno, essa andrà svolta in un quadro di programmazione e di stretto coordinamento tra l'Università e uffici periferici del Ministero Beni Culturali, il che implica il superamento del regime delle concessioni di scavo e l'attivazione di forme di convenzione tra l'altro previste all'art. 36 DPR 805/75».

In sintesi, dunque, D'Andria critica il sistema delle concessioni di scavo vigente in Italia ed il conseguente monopolio sull'archeologia detenuto dal Ministero dei Beni Culturali, che d'altra parte non riesce a tener testa alla sempre crescente mole di lavoro da svolgere.

La soluzione da lui prospettata è quella di una più stretta collaborazione, finora scarsa, se non pressoché assente, tra Ministero Beni Culturali ed il Ministero dell'Università e della Ricerca. La ricerca su campo potrebbe essere affidata, tramite accordi tra Soprintendenze Archeologiche e Università presenti sul territorio, a queste ultime, lasciando al Ministero un ruolo d'indirizzo e di coordinamento. Ciò dovrebbe comportare, però, il superamento dell'attuale sistema delle concessioni di scavo, a favore di un sistema di convenzioni, già realizzabile, tra l'altro, in base alla normativa vigente. A tal proposito ritengo che una presenza più attiva delle Università italiane nella ricerca archeologica su campo sarebbe un fattore estremamente positivo, così come sarebbe auspicabile una regolamentazione di tale presenza non solo nei confronti del MiBAC, ma anche al fine di evitare sovrapposizioni e confusioni di ruoli tra le stesse ed altri soggetti, pubblici e privati, operanti nel mercato del lavoro.

Simili a quelle di D'Andria sono le critiche mosse da Torelli [4]. Ne cito alcune: «*In Italia non esiste nessuna programmazione scientifica degli scavi e della ricerca sul terreno. Ciò nasce anche dal fatto che non esistono organismi non burocratici (pensiamo alle Societies inglesi o all'Istituto archeologico germanico) in cui sia possibile un confronto scientifico aperto sulle priorità, sull'opportunità, sulla qualità delle ricerche. Il personale tecnico-scientifico delle soprintendenze non solo è autoreferenziato, ma possiede poteri enormi, che non vengono sottoposti al giudizio della comunità scientifica nel suo insieme».*

Altro motivo di limitazione della libertà della ricerca Torelli lo trova nei costi di pubblicazione e nella legge Ronchey, una legge che prevede il pagamento di una tassa per la pubblicazione di immagini di opere, monumenti e siti archeologici, incidendo non poco sui costi di pubblicazione.

Sostiene Torelli [5]: *«una libertà apparente è prevista da tutta la legislazione sui beni culturali, ma la libertà vera è autoritariamente limitata, innanzi tutto dall'impossibilità, per chi è esterno alle soprintendenze, di disporre di fondi adeguati per eseguire scavi e pubblicare»* e prosegue *«ultimo mostro è la legge Ronchey sull'uso di riproduzioni di materiali archeologici o storici-artistici, che di fatto impedisce di condurre ricerca a chi non abbia fondi pressoché illimitati».*

Entrambe le osservazioni sono esatte. Pensata per produrre introiti allo stato italiano, questa legge produce però non pochi effetti negativi: l'eccessivo costo da sostenere per una pubblicazione soffoca il mercato editoriale italiano, producendo una diminuzione delle pubblicazioni (con un indubbio effetto negativo dal punto di vista scientifico e culturale), la riduzione degli utili degli editori e quindi anche degli introiti che, attraverso le tasse, lo stato può ricavare dal mercato editoriale stesso è, inoltre, una legge concepita pensando al mercato editoriale italiano come se fosse un'entità impermeabile al resto del mondo. La realtà è, invece, che, soprattutto in ambito comunitario, vi è un'ampia circolazione di libri ed altri prodotti editoriali pubblicati all'estero. E non essendo un editore straniero, che pubblica e stampa all'estero, assoggettabile alla normativa italiana (e se pure lo fosse, il Ministero per i Beni e le Attività Culturali non ha risorse umane e fondi da impiegare nella caccia all'estero agli evasori), la legge Ronchey non ha altro effetto che fare un regalo alla concorrenza: un prodotto editoriale (un libro, ma anche un calendario o un gadget) su un'opera d'arte, un sito archeologico o un monumento italiano, proprio a causa di questa particolare forma di tassazione, costa più ad un editore italiano che a un editore straniero, e dunque il prodotto editoriale italiano approda sul mercato ad un prezzo non concorrenziale. Relativa è anche l'efficacia della Legge Ronchey: gli uffici centrali e periferici del Ministero per i Beni e le Attività Culturali, sono tanto oberati di lavoro che spesso non hanno né tempo né risorse, sia in termini umani che economici, da dedicare al controllo del mercato editoriale e a verificare l'osservanza della legge. A ciò, inoltre, spesso si aggiunga che non sono pochi i casi in cui controllato e controllore, cioè autore di un libro e funzionario pubblico, sono la stessa persona.

Conseguenza di tutti questi ostacoli burocratici, economici e giuridici alla pubblicazione di ricerche archeologiche, è il fatto, denunciato da Mario Torelli [6], che oggi i magazzini dei musei e delle soprintendenze sono stracolmi di decine di migliaia di cassette di reperti archeologici inediti, e di cui nessuno sa prevedere una futura pubblicazione. Si tratta di un potenziale culturale enorme, che, se messo a frutto con adeguati studi e pubblicazioni, potrebbe fornire una straordinaria mole di informazioni archeologiche e storiche. Le risorse umane non mancherebbero: basti pensare a quanti specializzandi e dottorandi in archeologia, paradossalmente, non trovano materiale inedito da studiare per le loro tesi. Per uscire dall'immobilismo che contrassegna da decenni la quesitone, Torelli propone una soluzione ambiziosa, ma non assurda (anzi piuttosto ad essere veramente assurda è la situazione attuale): suggerisce una sorta di programma di "rottamazione dei depositi", consistente nell'offrire alle Soprintendenze Archeologiche, alle Università e agli Istituti di Ricerca incentivi e sostegno economico, per lavorare insieme alla completa pubblicazione del patrimonio inedito giacente nei depositi.

Anche Gian Pietro Brogiolo critica l'atteggiamento isolazionista e autoreferenziale di alcune strutture periferiche del Ministero dei Beni Culturali, cui imputa l'assenza di una adeguata valutazione archeologica del territorio. Afferma Brogiolo [7]: «*Le Soprintendenze, in mancanza di strumenti legislativi e di adeguate risorse che consentano l'intervento, anziché delegare ad altri quanto da sole non riescono a fare rispondono con l'irrigidimento burocratico [...] L'attività in cui molti funzionari di soprintendenza si impegnano maggiormente consiste del resto nell'erigere bastioni che estendono inopinatamente le fin troppo ampie prerogative loro riconosciute dalla legge 1089. A questo sempre più munito arroccamento ha corrisposto, in luogo di un'efficace e coordinata azione di prevenzione, una frammentazione delle competenze.*»

Venendo, poi, al tema della pubblicazione dei risultati delle ricerche archeologiche, soprattutto quelle di emergenza, cresciute esponenzialmente negli ultimi decenni, aggiunge: «*Le occasioni offerte dalle trasformazioni urbanistiche e territoriali hanno consentito, negli ultimi anni, di esplorare un gran numero di siti, avviando una vera e propria "industria dello scavo stratigrafico" che coinvolge, nella sola Italia Settentrionale, una quindicina di ditte con almeno duecento addetti fissi e un fatturato di circa venti miliardi l'anno. Le risorse investite vanno peraltro confrontate con i modesti risultati scientifici: non più di una decina di pubblicazioni a livello nazionale, quintali di documentazione cartacea e milioni di reperti che giacciono negli archivi delle soprintendenze, senza alcuna concreta prospettiva di venire mai studiati e pubblicati.*

Il fallimento dell'archeologia "stratigrafica" di emergenza sta in queste cifre. La causa va imputata alla inadeguatezza delle strutture deputate alla tutela, e alla conseguente mancanza di una programmazione degli interventi che sappia coniugare obiettivi di ricerca storica con la disponibilità di personale e risorse. Non è certo un fenomeno esclusivamente italiano, Peter Addyman in Gran Bretagna ha calcolato che il sessanta percento degli scavi moderni è destinato a rimanere inedito. In Italia la situazione è ancora peggiore ed è probabile che a rimanere inedito o ad essere pubblicato in modo inadeguato sia più del novanta percento degli scavi di emergenza. "La deliberata non pubblicazione – sottolinea il noto archeologo Colin Renfrew – è un tipo di furto: anzi un furto duplice, in quanto implica il cattivo uso di denaro degli altri e la sottrazione di informazioni insostituibili". Un mutamento di indirizzo – conclude Brogiolo – potrà nascere secondo me dall'attuazione di quattro principi, che sono alla base delle più recenti scelte legislative di alcuni paesi europei, quali la Spagna, la Germania, o la piccola e nuova Slovenia:a) Unitarietà di competenze. È indispensabile un'integrazione della tutela nella pianificazione urbanistica. [...] b) Liberalizzazione della ricerca. Fatti salvi i diritti temporanei dello scavatore, non vi deve essere vincolo al libero studio come avviene per i documenti archivistici o per l'edilizia monumentale. Gli ostacoli sempre più ingegnosi predisposti dalle circolari ministeriali per scoraggiare l'intrusione degli studiosi (Università in particolare) negli orticelli delle Soprintendenze sono pretestuosi e anticostituzionali. Ciò soprattutto nell'attuale condizione di burocratismo bolscevico e in attesa che si crei un albo degli archeologici. Liberalizzazione deve significare altresì la salvaguardia intellettuale di chi ha contribuito a "produrre" il documento archeologico. Nella situazione attuale, dove lo scavo di emergenza è realizzato con finanziamenti esterni e perlopiù affidato a liberi professionisti, appare del tutto illegale il riservarsi lo studio e la pubblicazione come le Soprintendenze fanno (ciò è largamente responsabile del fallimento dell'archeologia d'emergenza). Riconoscere a chi ha realizzato il lavoro archeologico il diritto di pubblicare comporta un ulteriore vantaggio: lascia ai funzionari di Soprintendenza più tempo per dedicarsi al loro compito precipuo, la tutela preventiva. Cioè il realizzare finalmente una cartografia archeologica dettagliata. c) Collegamento istituzionale tra ricerca e tutela. A questa esigenza, a parole unanimemente percepita, si è risposto finora con i "comitati di settore", nei quali sono rappresentati Università, Musei e Ministero, organismi burocratici con solo potere consultivo. Del tutto fallimentare anche l'esperienza delle conferenze istituite in alcune regioni. d) Decentramento. [...] Ma affinché i risultati non siano peggiori del centralismo attuale occorrerà garantire [...]: La sopravvivenza di una direzione centrale [...] con funzioni di coordinamento nazionale, di gestione degli istituti centrali, di responsabilità per interventi sovraregionali [...]; La regolarità di concorsi nazionali per l'assunzione del personale tecnico scientifico [...]; La formazione su base regionale di comitati ristretti, in cui siano rappresentati gli enti locali, i musei, le università, dotati di poteri di programmazione e con funzioni di controllo sulle attività svolte dagli uffici di tutela (senza questa camera di compensazione un mero trasferimento delle competenze statali comporterebbe il rischio di un asservimento di ricerca e tutela ai politici locali). Per uscire dalla palude attuale ed evitare guasti peggiori [...] si suggeriscono [...]: a) La formazione di comitati di settore regionali, con competenza analoga a quelle dei comitati di settore centrali ma allargati ai responsabili della programmazione urbanistica; b) Concessioni di scavo triennali, non già di fatto semestrali come ora avviene; c) L'appalto di progetti di ricerca con obbligo di pubblicazione anche a ditte e a liberi professionisti impegnati in scavi di emergenza.»

Ecco comparire i fantasmi dell'archeologia italiana, che qui sono definiti "liberi professionisti", altrove "collaboratori esterni", o ancora semplicemente "soggetti", come nella legge sull'Archeologia Preventiva [8].

Comunque li si chiami (anzi "ci" si chiami), si tratta di un esercito di migliaia di archeologi, che possiedono titoli accademici, competenze ed esperienza professionale pari e talvolta anche superiori a quelli richiesti agli "archeologi pubblici", ma appartenenti a generazioni cui non è stata mai data l'opportunità di diventarlo [9]

Nel 1996 sempre Gian Pietro Brogiolo nel suo *"Archeologia e istituzioni: statalismo o policentrismo?"* aveva già fotografato e descritto in maniera esemplare la situazione degli archeologi italiani, con parole ancora assolutamente attuali: «*Mancando un Albo che ne sancisca i requisiti qualsiasi neolaureato in materia archeologica può definirsi archeologo. In pratica la distinzione è tra chi occupa un ruolo pagato da un'istituzione e chi invece ne è privo. Gli archeologi a posto fisso si suddividono tra Università, Enti locali e Ministero per i Beni Culturali. Sono arrivati al posto sicuro a vita, talora attraverso esami selettivi, molto più spesso mediante grandi infornate di concorsi interni, privi di un'accurata selezione meritocratica. Dai ricercatori e professori universitari "ope legis", agli ispettori di Soprintendenza ex 285 semplicemente idonei, ai funzionari di enti locali immessi in ruolo dopo forme di precariato. Nella maggioranza, non possono dunque considerarsi migliori dei molti giovani che sono rimasti al di fuori e che sopravvivono in attesa di un Albo che qualifichi la loro attività professionale in modo specifico. La loro inamovibilità a vita (fino a 72 anni per i professori universitari) non offre speranze alle nuove generazioni. Per queste il tirocinio post-laurea (scuole di specializzazione; dottorati di ricerca; borse post-dottorato) costituisce un avvio non alla professione ma al precariato stabilizzato a vita*» [10]

Per il legislatore questi archeologi, benché costituiscano una figura professionale esistente ormai da decenni e siano tuttora quotidianamente impiegati ovunque in Italia, sotto i più vari e precari profili contrattuali, come collaboratori esterni delle università e delle soprintendenze nelle attività di ricerca, tutela e valorizzazione del patrimonio archeologico, semplicemente non esistono.

Una lacuna imputabile sia alle divisioni interne alla categoria, mai riuscita a raccogliere un sostegno consistente ed unanime intorno ad una proposta legislativa di riconoscimento della professione attraverso l'istituzione di un albo [11], sia alle pressioni contrastanti da parte delle lobbies dei costruttori e di tutti gli enti interessati ad avere il minor numero di vincoli possibile nell'attuare interventi sul territorio, sia, infine, allo storico atteggiamento del nostro legislatore nei confronti dell'archeologia. Dalla legge Bottai del 1939, fino al "Testo Unico" del 1999 e al "Codice Urbani" del 2002, il legislatore italiano non si è mai liberato dal preconcetto che la gestione dell'archeologia è, seppure se ormai solo formalmente, una "faccenda di stato". D'altra parte fino a qualche decennio fa effettivamente l' *"archeologia di stato"* non costituiva un'eccezione in un sistema nel quale, dalle autostrade alla televisione, quasi tutto era statalizzato. Dagli anni '90, con la necessità di tagliare la spesa pubblica per arginare il colossale debito pubblico italiano, le parole d'ordine, imposteci dal mercato comune europeo e poi dalla globalizzazione dell'economia, sono diventate invece *"privatizzare"* e *"liberalizzare"*. Dopo autostrade, telecomunicazioni, energia elettrica ecc. l'onda della privatizzazione e della liberalizzazione ha investito o investirà anche l'archeologia?

Ma quale è la situazione attuale? Nell'archeologia italiana oggi funziona secondo un sistema pubblico o un libero mercato? Nessuno dei due. Paradossalmente in Italia non si è provveduto né ad assumere all'interno del MiBAC le nuove generazioni di archeologi attraverso concorsi pubblici, nonostante la più volte denunciata carenza di organici[12], né a regolamentarne una libera professione attraverso l'istituzione di un albo professionale.

Di conseguenza il mondo dell'archeologia italiana è da trent'anni in un "limbo" nel quale non si applicano le regole né di un sistema né dell'altro, per cui gli scavi archeologici non sono condotti né del tutto da "archeologi pubblici" assunti per concorso, come dovrebbe essere in un trasparente sistema pubblico, né da "archeologi liberi professionisti" che se li aggiudicano concorrendo con regole altrettanto trasparenti, come dovrebbe essere in un vero "libero mercato", non in una giungla. Nella situazione attuale, in assenza di un albo, di requisiti e regole fissati dalla legge, le soprintendenze archeologiche decidono in assoluta autonomia e con profonde differenze non solo da soprintendenza a soprintendenza, ma spesso anche da un singolo funzionario all'altro, quali siano i requisiti per essere considerato un archeologo, nonché a chi affidare scavi, catalogazioni ed altri incarichi. Di fronte a questa totale assenza di regole che definiscano e qualifichino la figura professionale dell'archeologo, stabilendone mansioni e standard operativi scientifici, non possiamo parlare per l'archeologia italiana né di "sistema pubblico" né di "libero mercato", ma soltanto di un "mercato sregolato condizionato".

Non essendo riconosciuto agli archeologi alcun diritto, non è concretamente riconosciuto loro neanche, ovviamente, il diritto di pubblicazione i loro scavi e le loro ricerche. Un diritto che, di fatto ed ingiustificatamente, resta una prerogativa esclusiva soltanto dei funzionari pubblici del MiBAC.

Uno dei primi riferimenti legislativi alla questione del diritto/dovere di pubblicazione delle scoperte archeologiche, si può trovare nei lavori della Commissione parlamentare Franceschini, del 1965, con cui lo Stato Italiano prende coscienza del fatto che la tutela dei beni culturali esige molto di più che la rincorsa di rinvenimenti fortuiti e segnalazioni occasionali. La Commissione si era anche posto il problema della pubblicazione di rinvenimenti e scavi, fissando tempi e persino sanzioni per il mancato adempimento.

Negli Atti alla Dichiarazione XXX, recante il titolo *"pubblicazione di campagne di scavo e di beni rinvenuti"* si legge [13]: « *Delle campagne di scavo e dei beni rinvenuti dovranno essere rese pubbliche le classificazioni disposte, e dovrà essere fatta idonea pubblicazione scientifica. Possono essere impartite prescrizioni circa le modalità della pubblicazione. La pubblicazione deve avvenire entro i due anni, a cui dovrà però seguire la pubblicazione definitiva entro i successivi tre. Trascorsi inutilmente detti termini, il funzionario responsabile è sottoposto a provvedimento disciplinare, il concessionario di scavo è revocato, i diritti di esclusiva decadono, e il Soprintendente sarà tenuto a disporre affinché i ritrovamenti siano liberamente concessi allo studio di chiunque ne faccia richiesta; la legge dovrà regolare misure idonee per la pubblicazione d' ufficio. Sono vietate le riserve di pubblicazione di durata superiore ai cinque anni, anche in ordine a vecchi scavi e a beni archeologici inediti.»*

Più flessibili le regole previste dal più recente Codice Deontologico della EAA, Associazione di cui fanno parte molti esponenti dell'archeologia, soprattutto accademica e pubblica, di diversi paesi europei. All'articolo 2.6 esso recita: *«Relazioni adeguate su ogni progetto dovrebbero essere preparate e rese accessibili alla comunità archeologica in un lasso di tempo minimo attraverso appropriati mezzi di pubblicazione convenzionali e/o elettronici, dopo un periodo iniziale di riservatezza non più lungo di sei mesi.»*

E all'articolo 2.7: *«Gli archeologi avranno diritti prioritari di pubblicazione sui progetti per i quali sono responsabili per un periodo ragionevole che non vada oltre i dieci anni. In questo periodo renderanno i loro risultati il più possibile accessibili e daranno adeguata considerazione alle richieste di informazione di colleghi e studenti, sempre che queste non confliggano con il diritto primario di pubblicazione. Finito il periodo di dieci anni, la documentazione dovrebbe essere liberamente messa a disposizione per analisi e pubblicazione da parte altrui.»*

Se per pubblicare una ricerca archeologica dieci anni si possano considerare un "tempo ragionevole" o eccessivo lo lascio al giudizio di ciascuno. Vorrei invece esaminare più a fondo la frase *«Gli archeologi avranno diritti prioritari di pubblicazione sui progetti per i quali sono responsabili».* Chi si intende con la parola "responsabile"? Chi è da considerare tale in Italia? Chi ha concretamente su campo la responsabilità della conduzione delle ricerche, il funzionario della Soprintendenza competente per la zona nella quale si attuano le ricerche, oppure entrambi? Quasi sempre ed ovunque, in Italia, per "responsabile" si è inteso il funzionario pubblico, essendo la tutela del patrimonio archeologico, giustamente, di competenza pubblica. Ciò, però, comporta come conseguenza che, di fatto, il Codice Deontologico della EAA, se interpretato in tal senso, finisce per attribuire *ope legis* ai funzionari della Soprintendenza potrebbero il diritto di pubblicazione di tutti gli scavi archeologici che rientrano nella loro area di competenza. Ed è ciò che, di fatto, avviene in Italia.

Raffaele De Marinis, docente alla Facoltà di Lettere dell'Università di Milano, con precedente esperienza di Soprintendenza Archeologica, sostiene[14]: *« Negli ultimi anni troppo spesso i beni archeologici, che dovrebbero essere proprietà pubblica, sono apparsi dominio personale di singoli funzionari e dirigenti del ministero. Si sono formati e consolidati feudi: il territorio assegnato a un ispettore o direttore archeologo diventa inaccessibile alla ricerca altrui, tutto ciò che viene scoperto casualmente diventa ipso facto appannaggio esclusivo del funzionario delegato a quel territorio, lo studioso che voglia fare ricerca sul terreno è diffidato e qualora compia qualche scoperta deve cedere il passo. Può sembrare un quadro esagerato, ma in alcune zone la realtà è questa, in altre appare più sfumata, in altre ancora più articolata e variegata. Raramente, per non dire mai, esiste una autentica libertà di ricerca. Si è formata una mentalità per cui territorio, mate-*

riali dei musei, scoperte passate e future, sono un bene legato alla carica di funzionario di soprintendenza. La ricerca archeologica in Italia non è libera a causa della pretesa delle Soprintendenze di esercitare un potere totale e insindacabile. Il professore universitario o l'archeologo di museo civico devono costantemente lottare per ritagliarsi piccoli spazi di libertà di ricerca; e ciò costa fatica, spreco di tempo e di energie.»

Se costoro devono lottare per ritagliarsi piccoli spazi, tanto più deve affannare per riuscirci il quasi sempre dimenticato archeologo libero professionista.

Nei diversi interventi che hanno alimentato questa accesa polemica sulla gestione dell'archeologia in Italia, abbiamo visto comparire quasi solo esclusivamente due attori: le università e le soprintendenze. Solo in qualche raro caso si è visto, invece, spuntare il terzo attore dell'archeologia italiana: gli archeologi "non strutturati" né all'interno delle Università né delle Soprintendenze Archeologiche, che potremmo definire archeologi "di base" o "freelance" e che operano come precari, collaboratori esterni o liberi professionisti, spesso senza alcuna prospettiva di uscita da una situazione di completa instabilità ed incertezza lavorativa. Paradossale è che siano così spesso dimenticati e che non riescano quasi mai a far sentire la loro voce. Ciò è dovuto al fatto che, nonostante si tratti della componente numericamente ed economicamente più consistente, queste generazioni, per contingenze di carattere storico, non sono riuscite ad acquisire sinora alcuna posizione "di potere" all'interno del mondo dell'archeologia italiana, a causa della disorganicità, della frammentarietà, dell'instabilità lavorativa e della loro dipendenza pressoché assoluta dagli altri due più potenti soggetti dell'archeologia italiana: le università e le soprintendenze.

Ma se in Italia vogliamo pensare un modello di gestione dell'archeologia più aperto, che riconosca un ruolo a tutti i soggetti coinvolti nella ricerca archeologica e nelle altre attività connesse alla tutela e alla valorizzazione, se vogliamo realmente passare, come propone Brogiolo, da una ricerca pressoché monopolizzata e monocentrica ad una ricerca policentrica, da un "monocentrismo ministeriale" non ad un "duocentrismo ministero-università", ma ad un reale "policentrismo", non si possono non prendere in considerazione anche le migliaia di archeologi di base italiani.

Per quanto riguarda la questione dei diritti e doveri di pubblicazione delle ricerche archeologiche, essa è affrontata, ovviamente, anche dal Codice Deontologico dell'Associazione Nazionale Archeologi, che prospetta anche una soluzione al problema del diritto di pubblicazione tra Soprintendenze e archeologi che lavorano su campo. Così recita l'articolo 5, titolato *"Dovere di pubblicazione delle ricerche"*:

5.1. L'archeologo ha l'obbligo morale di divulgare nel minor tempo possibile i dati emersi dalle proprie ricerche, previa autorizzazione – ove necessaria – del committente e dell'ente preposto al controllo o alla direzione scientifica della propria attività.

5.2. L'archeologo preposto al controllo o alla direzione scientifica di uno scavo o di una qualsivoglia ricerca archeologica, fatto salvo il suo primario diritto di stu-

dio e pubblicazione, si impegna a coinvolgere o quantomeno citare nella pubblicazione tutti gli archeologi che hanno contribuito alla realizzazione di tale ricerca.

5.3. L'archeologo titolare del diritto di studio e pubblicazione di uno scavo o di una qualsivoglia ricerca archeologica qualora non abbia esercitato fattivamente tale diritto entro il quinto anno dal completamento dello scavo o dall'acquisizione dello stesso o qualora decida spontaneamente di rinunciarvi, si impegna a mettere a disposizione materiali e dati archeologici in proprio possesso agli altri studiosi, in primis agli archeologi coinvolti nella stessa ricerca.

Sulla questione del diritto di pubblicazione il Codice Deontologico ANA rispetto a quello della EAA presenta alcune importanti differenze:

(1) Fissa a cinque e non a dieci anni il periodo per il quale un archeologo può detenere il diritto di pubblicazione senza esercitarlo fattivamente.

(2) Afferma che, trascorsi questi cinque anni, il titolare dei diritti di pubblicazione deve mettere a disposizione materiali e informazioni agli altri studiosi, *in primis* agli archeologi coinvolti nella stessa ricerca.

(3) Non dà per scontato che a detenere i primari diritti di pubblicazione debba essere un funzionario della soprintendenza, ma l'archeologo preposto al controllo o alla direzione scientifica di uno scavo o di una qualsivoglia ricerca archeologica. Ciò lascia spazio anche ad uno scenario in cui la direzione scientifica di una ricerca archeologica possa essere affidata altresì ad un archeologo che, benché non strutturato, sia in possesso di titoli ed esperienza professionale adeguati, mentre alla Soprintendenza Archeologica, in quanto titolare della tutela, restino esclusivamente i compiti di controllo e supervisione scientifica del suo operato.

(4) Riconoscendo che qualunque ricerca archeologica oggi è il risultato di un lavoro d'equipe, si afferma che anche chi detiene il diritto di pubblicazione è tenuto a coinvolgere o quantomeno citare nella pubblicazione tutti gli archeologi che hanno contribuito alla realizzazione della ricerca.

Si stabilisce, insomma, che la pubblicazione di una ricerca archeologica dovrebbe spettare agli archeologi che l'hanno effettivamente condotta, oppure, che in alternativa essi dovrebbero quantomeno in qualche modo parteciparvi.

A latere di questa discussione dobbiamo aggiungere un'altra riflessione: oggi appare ormai evidente che da una strategia di gestione dell'emergenza, che spesso si traduce in un inseguimento delle opere da realizzare, l'archeologia italiana deve passare alla messa in atto di una strategia di indagine preventiva, anche tramite la realizzazione di Carte Archeologiche e di una gestione programmata del territorio. Appare altrettanto ovvio che il MiBAC non ha le risorse né le caratteristiche per gestire da solo tutta questa complessa operazione. Ciò ha comportato molti consensi all'idea che il monopolio del Ministero vada superato a favore di un decentramento. Occorre, però, chiarirsi bene su cosa si intende per "decentramento": esso non deve essere un pretesto per destrutturare, indebolire e delegittimare il Ministero e le Soprintendenze Archeologiche, semplicemente trasferendo un monopolio da queste alle regioni. Occorre, invece, mettere in atto delle sinergie territoriali, favorendo una maggiore interazione e cooperazione tra tutti gli attori della ricerca ricerca archeologica presenti sul territorio e gli enti coinvolti direttamente nella gestione del territorio: MiBAC e sue strutture periferiche, università, amministrazioni ed enti locali e, ripeto, necessariamente i singoli professionisti, gli archeologi di base.

Per tornare al tema e al titolo del presente contributo, in conclusione dirò che, allo stato attuale, per consentire in Italia una reale accessibilità ai dati ed una libertà di ricerca in archeologia, andrebbero superati due generi di barriere: la prima sull'accesso alla possibilità di fare ricerca, la seconda sull'accesso alla possibilità di pubblicare i risultati delle proprie ricerche. La prima barriera è rappresentata, come abbiamo visto, dagli ostacoli burocratici, denunciati dagli interventi che ho letto, all'accesso esclusivo alle fonti di informazione per la ricerca archeologica da parte delle Soprintendenze Archeologiche, anche laddove non sussistano particolari motivazioni di tutela che ne impediscano la visione e lo studio da parte di uno studioso che ne faccia richiesta. La seconda barriera è rappresentata principalmente da due problemi: i costi di pubblicazione e la chiusura da parte delle riviste scientifiche ai "giovani archeologi".

Il problema dei costi andrebbe affrontato, innanzitutto, ripensando la Legge Ronchey. Per quanto riguarda la chiusura di molte riviste scientifiche forse qualcosa può cambiare. L'edizione del Convegno di Taranto del 2006 era dedicata proprio al tema del futuro della ricerca archeologica e del convegno stesso. Una proposta emersa dal dibattito finale, che ha visto attivamente partecipe anche l'Associazione Nazionale Archeologi nella persona dello scrivente [15], è stata proprio quella di dare la possibilità di parlare al Convegno non solo ai funzionari di soprintendenza e ai docenti universitari, ma anche a ricercatori e collaboratori esterni, magari attraverso l'adozione del sistema dei *posters*, come d'altra parte avviene comunemente all'estero. In attesa che ciò avvenga, e che anche gli altri convegni scientifici italiani intraprendano questa strada, gli archeologi italiani si preparano a sperimentare una strada ulteriore, fondando la rivista scientifica dell'Associazione Nazionale Archeologi, una rivista che si propone come il luogo di incontro degli archeologi italiani, uno spazio di dibattito sui temi della ricerca e della tutela, ma anche della gestione dei beni archeologici, uno spazio realmente libero e aperto a tutti gli archeologi italiani.

Notes

[*] Associazione Nazionale Archeologi.
[1] Ringrazio l'Istituto Internazionale di Studi Liguri per l'invito a partecipare a questo workshop. Desidero, inoltre, idealmente associarmi al ricordo dedicato dal presente Convegno al compianto prof. Riccardo Francovich, al quale gli archeologi italiani devono essere grati per l'enorme contributo

che ha dato all'archeologia italiana non solo per quel che concerne il settore della ricerca, ma anche nel denunciare i mali della gestione dei beni culturali nel nostro paese attraverso i suoi numerosi interventi polemici. L'Associazione Nazionale Archeologi apprese la triste notizia della sua scomparsa durante una riunione del Direttivo Nazionale ed osservò un minuto di raccoglimento.

[2] Riccardo Francovich, *Decentrare: premessa per il riassetto della ricerca e della tutela archeologica*, in: R. De Marinis – F. Fedele (a cura di), *La ricerca archeologica in Italia*, pubblicato on line sul sito internet dell'Università di Siena (http://archeologiamedievale.unisi.it/NewPages/LIB/LIBdema.html).

[3] Francesco d'Andria, *La ricerca archeologica in Italia*, in: R. De Marinis – F. Fedele (a cura di), *La ricerca archeologica in Italia*, pubblicato on line sul sito internet dell'Università di Siena (http://archeologiamedievale.unisi.it/NewPages/LIB/LIBdema.html).

[4] M. Torelli citato in: R. De Marinis – F. Fedele (a cura di), *La ricerca archeologica in Italia*, pubblicato on line sul sito internet dell'Università di Siena (http://archeologiamedievale.unisi.it/NewPages/LIB/LIBdema.html).

[5] Ibidem.

[6] M.Torelli, *Editoria periodica italiana di archeologia: un tentativo di bilancio*, in *La pubblicazione delle scoperte archeologiche in Italia*, (Accademia dei Lincei, 11 dicembre 1997), Roma 1998, pag. 106.

[7] Gian Pietro Brogiolo, *Burocrazia della tutela e scavi "di emergenza": ipotesi per un cambiamento*, in: R. De Marinis – F. Fedele (a cura di), *La ricerca archeologica in Italia*, pubblicato on line sul sito internet dell'Università di Siena (http://archeologiamedievale.unisi.it/NewPages/LIB/LIBdema.html)

[8] Decreto Legge 26 aprile 2005, n. 63, conv. con modif. dalla legge 25 giugno 2005, n. 109 Disposizioni urgenti per lo sviluppo e la coesione territoriale, nonché per la tutela del diritto d'autore. Disposizioni concernenti l'adozione di testi unici in materia di previdenza obbligatoria e di previdenza complementare. (Gazzetta Ufficiale n. 96 del 27 aprile 2005 e n. 146 del 25 giugno 2005).

[9] La maggior parte degli archeologi impiegati come funzionari nel Ministero per i Beni e le Attività Culturali è stata assunta a seguito della legge 285 del 1978. Da allora in poi i concorsi pubblici per archeologo sono stati rarissimi. Ricordiamo quelli per una decina di posti di archeologo presso il MiBAC (di cui circa la metà in Campania) nel 1997, alla stessa epoca un altro concorso (con test a risposta multipla) per 4 posti al Museo Pigorini di Roma, nel 1999 i concorsi per 1 posto al MAO, ed un altro (sempre con test a risposta multipla) che ha visto 430 partecipanti concorrere per 1 posto di archeologo in Liguria. Un discorso a parte merita il concorso per assistente tecnico archeologo e dirigente tecnico archeologo bandito dalla Regione Sicilia (Gazzetta Ufficiale di Sicilia, 14 aprile 2000), molto discutibile nelle modalità di assegnazione del punteggio (limite massimo

di pubblicazioni presentabili da ciascun candidato, punteggio per chi ha servito nella pubblica amministrazione, non ammissione di alcuni titoli acquisiti all'estero etc.) che hanno penalizzato i meriti scientifici a fronte di altri requisiti. Il problema è anche che gli archeologi "di base", per quanto possano lavorare per anni a servizio per il MiBAC, non ne ricavano alcun punteggio utile nei concorsi pubblici, in quanto l'attività prestata come collaboratori esterni non è riconosciuta come "servizio nella Pubblica Amministrazione". Nei concorsi per le Soprintendenze partono perciò fortemente penalizzati rispetto a chi ha prestato servizio per la pubblica amministrazione in un qualsiasi settore (inclusi insegnanti, dipendenti postali, ecc.), producendo il paradossale effetto che gli archeologi più titolati e più esperti nei concorsi sono superati da chi non ha mai esercitato la professione o da chi l'ha abbandonata da tempo per un altro lavoro pubblico non di carattere archeologico.

Paradossalmente, infine, agli archeologi impiegati sul campo sono chiesti spesso titoli e competenze superiori a quelle richieste per concorsi pubblici per ruoli di ben maggiore rilievo. è questo il caso del recentissimo bando di concorso a 10 posti di dirigente di II fascia - professionalità Archeologo (in pratica Soprintendente Archeologo), indetto con D.D. 1/3/2007 (G.U. 9/3/2007), pubblicato sul sito del Ministero per i Beni e le Attività Culturali in data 29 maggio 2007, che nell'art. 2, punto 6 ammette come requisito di ammissione al concorso anche il conseguimento della semplice laurea triennale (classi L5, L13, L29, L38, L 41). In tale occasione l'Associazione Nazionale Archeologi, ritenendo tale titolo del tutto inadeguato e tale da svilire la figura del Soprintendente Archeologo, ha protestato formalmente presso il MiBAC, denunciando l'evidente violazione delle regole di reclutamento del personale scientifico del MiBAC, chiedendo il ritiro del bando.

[10] Gian Pietro Brogiolo, *Archeologia e istituzioni: statalismo o policentrismo?* 1996.

[11] Obiettivo a lungo perseguito dagli archeologi italiani, ha visto un ultimo tentativo in occasione del DDL, A.S. n. 2676 "Ordinamento delle professioni di archeologo e di storico dell'arte", presentato nella XIII Legislatura, per iniziativa dei Senatori Mignone, Lombardi, Satriani, Di Orio, Nieddu, De Martino Guido, Iuliano, Donise, Murineddu, Caddeo e Diana Lorenzo, comunicato alla Presidenza il 4 marzo 1997. Vedi AA. VV, *La laurea non fa l'archeologo* (Tavola Rotonda, Roma 1992), Mantova 1993, pp. 77 e ss. Naufragata la legge, alcuni dei suggerimenti in essa contenuti sono stati accolti nella circ. MiBAC 95 del 2001, ma soltanto per quanto riguarda i profili interni al Ministero.

[12] Secondo i dati di *Assotecnici* attualmente nelle strutture centrali e periferiche del MiBAC sono vacanti 105 posti di archeologo sui 471 previsti, 43 architetti su 528 e 7 storici dell'arte su 501.

[13] *Atti della Commissione Franceschini* (1967), Dichiarazione XXX.

[14] R. De Marinis, *Il caso assurdo: centralizzazione senza programmazione* in: R. De Marinis – F. Fedele (a cura di), *La ricerca archeologica in Italia*, pubblicato on line sul sito internet dell'Università di Siena (http://archeologiamedievale.unisi.it/NewPages/LIB/LIBdema.html)

[15] T. Cevoli - F. Castaldo, in *Passato e futuro dei convegni di Taranto*, Atti del XLVI Convegno di Studi sulla Magna Grecia (Taranto, 29 settembre – 1 ottobre 2006), Taranto 2007.

CAPITOLO 5

Osg4Web. Condivisione di dati e applicazioni VR WebGIS per il paesaggio archeologico

Luigi Calori[†], Carlo Camporesi[‡],
Augusto Palombini[‡], Sofia Pescarin[‡]

SOMMARIO. Perché ricostruire il paesaggio archeologico? Cosa possiamo effettivamente ricostruire? Quale tecnologia e quale approccio epistemologico, se ne esiste uno, può contribuire ad ottenere migliori risultati nel campo della ricerca? E infine perché utilizzare la rete come mezzo di comunicazione, scambio e lavoro sul paesaggio antico?

ABSTRACT. *Why trying to reconstruct archaeological landscape? What can we really reconstruct? Which kind of technologies and which theoretical approach, if any, can help us in obtaining the best research results? And why using the internet as communicating, exchanging and workinf tool for the ancient landscape? The paper approaches such problems through the illustration of the Osg4Web tool for archaeological landscape data sharing.*

Ciò che osserviamo oggi è che il lento processo di scomparsa delle tracce archeologiche sul territorio sta accelerando, in maniera spesso irreversibile. Il rischio di perdere completamente interi patrimoni storici e archeologici è tangibile, e con essi anche la memoria storica di intere collettività. Ciò che dovrebbe essere trattato come patrimonio dell'uomo viene invece spesso gestito come proprietà privata, anche dagli stessi gruppi di lavoro che dovrebbero studiarlo. Il risultato a livello globale sembra condurre ad uno sviluppo sempre più lento e insignificante della ricerca. I risultati rimangono spesso non pubblicati o appannaggio di pochi eletti. La pratica dello scambio delle informazioni e dei dati, anche all'interno degli stessi gruppi di ricerca, risulta spesso non perseguita, così come la comunicazione all'esterno di ciò che si fa. I processi di validazione di tipo peer-review sono carenti, anche a causa di una mancata trasparenza dei risultati e dei metodi scientifici utilizzati. E' possibile però tentare di modificare questa tendenza, anche attraverso l'utilizzo di strumenti e approcci aperti e della rete come strumento di lavoro condiviso, prima ancora che di comunicazione.

Il Virtual Heritage Lab dell'Istituto per le Tecnologie applicate ai Beni Culturali, del CNR (CNR ITABC), lavora ormai da anni su progetti di valorizzazione del patrimonio culturale attraverso due canali preferenziali corrispondenti a due filiere di elaborazione distinte: le applicazioni di realtà virtuale e la restituzione di piatteforme GIS tridimensionali per la consultazione e la navigazione via web.

L'approccio di tipo Open che è stato in questo senso portato avanti ha un duplice risvolto: quello sugli strumenti e quello sui dati. Il primo viene intenso come ricerca finalizzata a utilizzare sempre più spesso software Open Source, il secondo rappresenta l'obiettivo di rendere quanto più possibile trasparente l'elaborazione e la presentazione delle informazioni. Tale tentativo si concretizza, ad esempio, attraverso l'attribuzione a ciascun elemento (layer, oggetto VR) di metadati riguardanti fonti, metodologie, software, autori (e disponibilità di download ove possibile). E' indispensabile infatti secondo il nostro approccio mantenere distinti i concetti di efficacia ricostruttiva e attendibilità del dato, due elementi entrambi di elevata importanza ma che è evidentemente bene trattare su piani separati (Camporesi, Palombini e A. Pescarin 2007), anche ad evitare sterili e frequenti polemiche su quella spettacolarizzazione dell'archeologia cui non corrisponderebbe rigorosità scientifica.

Recentemente i 3D WebGIS stanno registrando un notevole successo (S. Pescarin e Calori 2005), ciò grazie anche alla diffusione di applicazioni come Google Earth (http://earth.google.com/). Con il termine 3D WebGIS comunemente si definiscono i GIS 3D, accessibili attraverso il Web, e che consentono la visualizzazione di modelli digitali del terreno tridimensionali fruibili in maniera dinamica tramite un client, al quale il server su cui risiedono le informazioni – DTM, fotografie aeree o da satellite, layer tematici, livelli di dettaglio – invia le informazioni necessarie alla visualizzazione, a seconda delle interazioni dell'utente. Il tipo di applicazioni su cui il VHLab sta lavorando da qualche anno (Calori, Camporesi, Palombini et al. 2006; Pescarin S. 2006) è stato denominato "VR webGIS" in parte anche per differenziarsi dai più tradizionali webGIS tridimensionali. La componente che contraddistingue il sistema dal lato utente è infatti una forte interattività e immersività nel paesaggio archeologico, elementi, questi, che lo avvicinano più alle applicazioni scientifiche di Realtà Virtuale o ai giochi on line che ai tradizionali GIS. Dei Sistemi Informativi Geografici conservano invece la componente spaziale dei dati. Questo elemento è fondamentale perché consente di utilizzare un unico processo di elaborazioni a partire dal campo fino al web, costruendo delle basi di dati geospaziali comuni a diverse applicazioni (on-line e off-line), aggiornabili.

La filiera di lavoro riguardante la parte VR WebGIS si compone essenzialmente di quattro passaggi, caratterizzati principalmente da software Open Source (Calori, Camporesi, Forte et al. 2005).

(1) La realizzazione del progetto GIS e del modello digitale del terreno (GRASS-GIS)
(2) La creazione di paesaggi virtuali (OSGdem)
(3) La manipolazione dei paesaggi e la loro pubblicazione (Visual Nature Studio, Virtual Terrain Project: Enviro Xtend)
(4) La fruizione interattiva attraverso il web (Osg4Web plug-in di interfacciamento con il web browser)

Il primo passaggio consiste nella vera e propria definizione e composizione dei dati geografici, l'elaborazione del modello digitale di terreno e lo sviluppo del progetto GIS complessivo (operazioni effettuate con GRASS-GIS). La seconda prevede la traduzione del modello di terreno in un modello paginato e adatto alla trasmissione di dati via web (compito svolto da OSG), e nella creazione del paesaggio virtuale.

Nella terza fase il paesaggio viene arricchito sia dei layer informativi GIS che degli elementi tridimensionali (alberi, edifici, elementi naturali, etc.) che caratterizzano una visione 3D. Questa fase è gestita dal pacchetto VTP, di cui si parlerà più diffusamente, con la recente aggiunta dell'unico software commerciale citato in questa catena, Visual Nature Studio, che presenta caratteristiche assolutamente peculiari per quanto riguarda la capacità di creazione e gestione di ecosistemi, nonché la compatibilità in input/output con una vastissima gamma di formati open e proprietari.

Infine, la pubblicazione sul web, prevede la successiva gestione da parte dell'utente tramite un plug-in per i comuni internet browser (OSG4Web) che rappresenta il principale risultato degli ultimi mesi di attività del VHLab.

OpenSceneGraph (OSG: http://www.openscenegraph.org/) è una libreria Open Source per la generazione di applicativi di visualizzazione 3D (Kuehne e Martz 2007). La sua caratteristica fondamentale è la struttura basata su OpenGL e totalmente Cross-Platform (Windows, Linux, MacOS, ...). OSG permette la gestione di dati geografici e gestisce la paginazione di modelli territoriali, permette inoltre il reperimento di modelli 3D tramite internet.

Il pacchetto VTP (Virtual Terrain Project: http://www.vterrain.org/) è composto da diversi applicativi per la gestione, il trattamento e la visualizzazione interattiva di dati GIS. Nella versione originale consta di tre elementi:

VTBuilder: Software per la visualizzazione e la preparazione di dati GIS canonici

CManager: Permette la visualizzazione di modelli 3D e la creazione di librerie

Enviro: Crea paesaggi 3D da dati geografici navigabili in Real-Time. Permette la modifica dei paesaggi direttamente dalla visualizzazione 3D

La versione Enviro X-tend realizzata dal VHLab, in collaborazione con il CINECA, permette la visualizzazione di terreni generati tramite OSGdem (OSG) all'interno della scena e prevede la possibilità di salvataggio delle strutture di Enviro sul terreno esterno.

Il punto focale del lavoro del VHLab nell'ottica del VR WebGis è comunque il plug-in OSG4Web, che rappresenta il traguardo realmente inedito dell'ultimo anno di lavoro. OSG4Web è un framework di sviluppo Open Source per la creazione di applicativi di visualizzazione 3D realtime attraverso il Web (Akenine-Möller e Haines 2002). Produce componenti aggiuntivi per Internet Explorer e Mozilla Firefox. E' interamente scritto in C++ e lo Standard Core di visualizzazione si basa sulla libreria OpenSceneGraph.

OSG4Web è un sistema in prospettiva multi piattaforma. Attualmente sono disponibili porting per: Windows (versione 1.0.2.1) – Linux, MacOS in debug.

Lo Standard Core (core nativo rilasciato con il codice sorgente di OSG4Web) è specifico per la visualizzazione e di paesaggi archeologici e l'interazione con dati geografici.

Le caratteristiche principali di Osg4Web sono la visualizzazione di terreni paginati e modelli complessi attraverso il web, il caricamento delle tile del terreno on demand e lo switching durante il processo di rendering, l'aggiunta e lo switching di layer vettoriali 3D, l'aggiunta e lo switching di label statiche e scalabili, la creazione della scena e l'aggiunta di modelli 3D esterni sul terreno tramite funzioni di scripting (ibidem).

A queste si aggiungono recenti implementazioni quali: l'orientamento nella scena attraverso mappa 2D, una funzione JavaScript FlyTo per il posizionamento immediato su coordinate predefinite, vari strumenti di navigazione ed interazione con la scena selezionabili dall'interfaccia 3D o tramite funzioni di scripting, la possibilità di visualizzazione rapida di dati attraverso finestre popup nella scena (funzione picking), e diverse funzioni di callback da OSG4Web al browser per la gestione di eventi o per l'accesso a metadata esterni.

Osg4Web è tuttora in fase di implementazione, e la roadmap per i prossimi mesi prevede l'aggiunta di ulteriori elementi, quali la ricostruzione del codice nell'ottica di realizzare un vero ambiente di sviluppo portabile ed indipendente dal core sviluppato, l'ottimizzazione del data transfer e del catching su disco fisso, l'implementazione di oggetti 3D avanzati come avatar e relative interazioni, la fruibilità di file multimediali, l'implementazione di meccanismi di software updating attraverso il web, la possibilità di collegamento degli oggetti a database esterni con pubblicazione delle informazioni nell'area 3D, la generazione di livelli 3D multipli attraverso informazioni ottenute da database spaziali e l'implementazione di strumenti per effetti di scena altamente realistici.

Il sito web del laboratorio dedicato all'Open Source per i Beni Culturali consente di approfondire ulteriormente l'argomento, scaricare gli eseguibili del software aperto realizzato, consultare bibliografia specializzata e tutorial e infine accedere ai progetti che utilizzano i pacchetti sviluppati (http://www.vhlab.itabc.cnr.it/openheritage/).

I principali progetti su cui il sistema è stato progettato e sviluppato, secondo vari gradi di completezza, riguardano: la ricostruzione virtuale del paesaggio archeologico del Parco dell'Appia Antica a Roma (http://www.appia.itabc.cnr.it), il progetto di realizzazione del portale del Distretto Archeologico della Provincia di Salerno (http://www.distrettoarcheologicosalerno.it) e infine il progetto di interpretazione e ricostruzione del paesaggio romano della Via Flaminia Antica (http://www.vhlab.itabc.cnr.it/flaminia).

Ringraziamenti

Il VHLab del CNR ITABC, diretto da Maurizio Forte, si avvale del lavoro di un'equipe interdisciplinare composta da Carlo Camporesi e Claudio Rufa (programmatori), Nicolò Dell'Unto, Fabrizio Galeazzi, Augusto Palombini, Sofia Pescarin, Valentina Vassallo (archeologi), Marco Di Ioia, Alessia Moro, Lola Vico (architetti); Bartolomeo Trabassi (tecnico audio-video); Eva Pietroni (conservatrice BBCC). Per il CINECA Visit Lab collaborano alla realizzazione di OSG4web: Luigi Calori, Silvano Imboden e Tiziano Diamanti.

Appendice (2013)

OSG4Web è un progetto tuttora in sviluppo, ma le release create per i progetti qui trattati sono attualmente obsolete. Il principio di funzionamento e parti del codice della versione qui presentata sono elementi integranti di successivi sviluppi che hanno animato la nuova release del plug-in realizzata da ITABC-CNR in collaborazione con il CINECA. La versione più recente del software attualmente disponibile è quella implementata nel progetto Aquae Patavinae (http://www.aquaepatavinae.lettere.unipd.it ultimo accesso: gennaio 2013). Per quanto riguarda i link citati nel testo, ove non diversamente specificato, l'ultimo accesso è relativo al gennaio 2013.

Notes

† CINECA – Bologna. calori@cineca.it
‡ Virtual Heritage Lab, Istituto per le Tecnologie Applicate ai Beni Culturali, CNR – Roma http://www.vhlab.itabc.cnr.it, carlo.camporesi@itabc.cnr.it, augusto.palombini@itabc.cnr.it, sofia.pescarin@itabc.cnr.it

Riferimenti bibliografici

Akenine-Möller, T. e E. Haines (2002). *Real-Time Rendering.* 2ª ed. Massachussets US: A K Peters Natick.

Calori, L., C. Camporesi, M. Forte et al. (2005). «Interactive Landscapes reconstruction: a Web 2D and 3D Open Source solution». In: *6th International Symposium on Virtual Reality, Archeology and Cultural Heritage; 3rd Eurographics Workshop on Graphics and Cultural Heritage.* ISTI CNR.

Calori, L., C. Camporesi, A. Palombini et al. (2006). «Sharing interpretation: the challenge of Open Source web approach». In: *Proceedings of the Second International Conference on Remote Sensing in Archaeology.* A cura di S. Campana e M. Forte. BAR International 1568. CNR Roma.

Camporesi, C, A. Palombini e A. Pescarin (2007). «Revolution OS in archeologia: esempi di interfacce web per l'archeologia del paesaggio». In: *Atti del I Workshop Open Source, Free Software e open Format nei processi di ricerca archeologici.* A cura di R. Bagnara e G. Macchi Janica.

Kuehne, B. e P. Martz (2007). *OpenSceneGraph Reference Manual v.2.0.* The OpenSceneGraph programming series. Blue Newt Software.

Pescarin S. (2006). «Open source in archeologia: nuove prospettive per la ricerca». In: *Archaeologia e Calcolatori* 17, pp. 137-155.

Pescarin, S. e L. Calori (2005). «Verso il VR-WebGIS. Il caso del Distretto Culturale della Valle dell'Esaro: un sistema open-source per le risorse culturali, turistiche e ambientali». In: *MondoGIS* 51, pp. 54-60.

Figura 1: Osg4web: interfaccia di navigazione nel WebGis3D (dal sito del distretto archeologico di Salerno: http://www.distrettoarcheologicosalerno. it): navigazione nel paesaggio con mappa generale di riferimento.

Figura 2: Osg4web: interfaccia di navigazione nel WebGis3D (dal sito del distretto archeologico di Salerno: http://www.distrettoarcheologicosalerno. it): dettaglio della ricostruzione 3D dell'area archeologica di Paestum.

CAPITOLO 6

Elaborazione di un sistema di schedatura dati e sviluppo di un web GIS per la consultazione dei dati archeologici: il caso di Montescudaio in Val di Cecina (PI)

Monica Baldassarri*, Giuseppe Naponiello*,
Giuliana Pagni*

SOMMARIO. Lo scavo del monastero di S. Maria di Montescudaio ha dato la possibilità di poter sviluppare e testare un sistema per la schedatura dei dati archeologici totalmente open source. Le caratteristiche del sito hanno reso necessaria un'adeguata schedatura dei reperti scheletrici, con la creazione di una scheda tafonomica. I dati raccolti sono stati elaborati in un gis; per la creazione e la visualizzazione degli shape sono stati usati Open Jump e Qgis, entrambi appogiandosi all'estensione spaziale di Postgres: Postgis; per le analisi è stato usato Grass. Il Web Gis ha sfruttato come motore Mapserver e P.Mapper come front-end.

ABSTRACT. *The excavation of the monastery of "S.Maria di Montescudaio" (Montescudaio, Pisa, Tuscany) gave us the chanche to start a pilot project to develop, improve and test an Open Source system for the archaeological record management. Part of the project was focused on the improvement of an specific recording sheet for human skeletons, (in other words, a "taphonomic recording sheet"). The data entry process was obtained writing an user friendly gui in PHP and connecting it to the PostgreSQL database. Addittionally GRASS GIS was used to geographically manage the informations and for spatial analysis. OpenJUMP and QGIS were used for basic operation (e.g. Vector drawing) and the results were saved in a Postgis table. A WebGis was developed using MapServer in combination with the graphic front-end P.Mapper.*

1. Il progetto di lettura archeologica del territorio di Montescudaio e dei Comuni limitrofi

Montescudaio ed il territorio circostante rappresentano una porzione della Toscana ideale per lo studio dei paesaggi medievali. Si tratta infatti di un'area segnata dalla presenza di lunghi crinali e di strette valli situate a cavallo tra la pianura costiera e la confluenza tra i fiumi Sterza e Cecina (fig. 1): questa nei secoli di mezzo si trovò al confine tra la diocesi di Pisa e quella di Volterra, che corrispondeva grossomodo al corso del fiume maggiore, sperimentando forme di organizzazione originali coordinate da famiglie signorili, tra cui spicca per importanza la stirpe di origine comitale dei Della Gherardesca. Per tali motivi questo territorio è parso un campione significativo sia dal punto di vista geografico, geomorfologico ed ambientale, che per quanto concerne la storia politica, istituzionale ed economico-sociale.

Prendendo la mossa da queste considerazioni l'Università di Pisa[1], in accordo con la Soprintendenza ai Beni Archeologici della Toscana[2] e con le Istituzioni Comunali, ha promosso una serie di ricerche storiche ed archeologiche in

Figura 1: Localizzazione del Comune di Montescudaio.

quest'area; queste ultime sono state articolate sia in ripetute indagini a carattere estensivo, sia in interventi intensivi seguiti in qualche caso da approfondimenti stratigrafici in siti-campione[3].

Come prima fase è stato effettuato un *survey* nel territorio comunale di Montescudaio articolato in due successive campagne[4]. Queste sono state precedute ed accompagnate da una schedatura dei toponimi, dei siti e delle strutture produttive individuati nei documenti, nella cartografia e nelle foto aeree, in seguito georeferenziati e coordinati da una piattaforma GIS, tramite la quale sono stati gestiti anche i dati raccolti nelle successive fasi di elaborazione del progetto.[5] Fino agli inizi del 2006, questa parte del lavoro è stata realizzata con l'ausilio di software proprietari e la decisione di impiegare programmi FS/OS adottata nel prosieguo delle ricerche ha ovviamente comportato alcuni problemi di revisione dell'impostazione generale, oltre che la sperimentazione dei diversi sistemi di migrazione dei dati.

Tale reindirizzamento è stato motivato sia dalla maggiore affidabilità e duttilità di alcuni software OS/FS (soprattutto per quanto concerne i DB ed il trattamento delle immagini), sia dagli obiettivi del progetto stesso, in particolare la destinazione ad Enti pubblici di parte degli elaborati.

Se questo tipo di studio infatti è stato orientato *in primis* alla ricostruzione diacronica delle vicende insediative e dei paesaggi in questa parte della regione secondo un'ottica storica, tuttavia non è stato svincolato dalle esigenze di governo del territorio: grazie alla collaborazione con le Amministrazioni Locali e con le Soprintendenze regionali, è servito ad arricchire il quadro complessivo delle evidenze archeologiche necessarie di tutela o di valorizzazione ed a mirare più precisamente successive fasi di ricerca.

In un secondo momento, infatti, hanno avuto luogo alcune ricognizioni intensive in areali limitati o presso singoli complessi architettonici che nella prima fase di ricognizione si erano rivelati di particolare consistenza e/o interesse. Alcuni di questi, infine, a partire dall'area del monastero di S. Maria, sono stati scelti per diventare oggetto di osservazioni più approfondite tramite l'elaborazione di progetti specifici comprendenti la realizzazione di saggi di scavo stratigrafico.

2. Le indagini archeologiche nel monastero di S. Maria di Montescudaio

Al momento del primo survey in corrispondenza del toponimo "Case Badia" sono state rilevate una serie di Unità Topografiche costituite da concentrazioni di materiale ceramico, resti scheletrici umani e lacerti di strutture murarie, lette come differenti indicatori della presenza del monastero di S. Maria, fondato dai conti Gherardeschi nel 1091 come noto dalle fonti scritte.

Lo studio delle foto aeree disponibili per questa zona, inoltre, ha permesso fin dalla fase iniziale della ricerca di individuare, in corrispondenza dell'area coperta dal bosco e al di sotto della zona a prato, una serie di anomalie con tutta probabilità corrispondenti a setti murari sepolti (Andreazzoli e M. Baldassarri 2006).

In seguito, avendo rinnovato l'indagine archeologica di superficie ad un livello di maggiore intensità, sono state documentate alcune significative differenze nella distribuzione dei frammenti ceramici e dei resti di murature rinvenuti nell'area in questione, che hanno consentito di orientare le scelte strategiche delle ricerche successive.

Nell'attuazione delle prime campagne di scavo infatti si è scelto di seguire un programma di intervento finalizzato sia a recuperare gli elementi nodali per la definizione della planimetria e della topografia interna del sito, sia a completare il più possibile la documentazione della sequenza stratigrafica in approfondimento. In base ai dati emersi è stato possibile distinguere alcuni bacini stratigrafici differenziati relativi ai vani organizzati intorno al chiostro nelle aree 1500 (sett. 1500-1600, 1700, 1800, 1900) e 2000 (sett. 2000-2100, 2200, 2300, 2500), mentre nell'area 1000 si è potuto definire lo spazio occupato dall'aula e dal presbiterio dell'edificio ecclesiastico e la zona cimiteriale ad essa esterna sul lato settentrionale (area 4000) ed occidentale (area 2400). Questo ha permesso da un lato di confermare la ricostruzione della micro-topografia del monastero, e dall'altro di definire, sulla base di un campione sufficientemente ampio, la cronologia assoluta e le dinamiche insediative delle fasi terminali di vita del sito.

Dal punto di vista più generale il cenobio di S. Maria si è confermato come un buon sito-campione sia sotto il profilo della qualità archeologica delle stratificazioni medievali, sia a livello di leggibilità delle strutture, delle quali è stato possibile giungere ad una prima caratterizzazione tecnologica, nonostante le spoliazioni subite.

La sua rappresentatività in modo particolare è anche costituita dal fatto che si tratta dell'unico monastero benedettino femminile, rurale e di dimensioni medie studiato sia sotto il profilo storico che archeologico in tutta la Toscana. In questo senso i primi dati di scavo hanno rivelato già delle forti analogie con insediamenti monastici e conventuali femminili di altre cronologie ed altri ambiti, come la presenza di graffiti di proprietà sul vasellame (Gelichi e Librenti 2001), ma anche alcune originalità rispetto alla forma assunta dai vari ambienti dell'area claustrale ed alle funzioni da essi svolte, come evidenziato per il corridoio settentrionale.

In questo caso il numero degli inumati già individuati e documentati nel corso delle prime campagne di scavo è molto numeroso ed articolato in più fasi, comprese in un arco cronologico che va dal X al XV secolo. Ciò lascia pensare che la zona intorno agli edifici destinati ad accogliere le monache sia stata utilizzata come area cimiteriale per l'intera comunità castellana, che trovava la pieve di riferimento soltanto al di là del fiume Cecina nel territorio di Castelgiustri.

Lo scavo, la documentazione ed il rilievo georeferenziato di una percentuale rappresentativa di queste sepolture al fine di realizzare uno studio antropologico "a tutto tondo" dei resti degli abitanti del castello di Montescudaio tra l'XI ed il XVI secolo costituisce dunque uno dei segmenti importanti della ricerca.

Per tale motivo si è pensato di strutturare un sistema di schedatura specifico, coordinato con gli altri DB elettronici relativi a ricognizione e scavo ed organizzato dallo stesso GIS, stavolta impostato direttamente su software FS/OS. D'altro canto i GIS di scavo di cui si era a conoscenza, pur nelle diverse impostazioni, non erano corredati né di sezioni dedicate alla documentazione tafonomica sul campo, né di tabelle utili a raccogliere in modo efficace i dati derivati dalla successiva analisi antropologica ed è parso importante cominciare a dotare la nostra piattaforma anche di questo genere di informazioni, completando così la nostra "rivoluzione OS".

M. B.

3. La scheda tafonomica

3.1. Alcune riflessioni preliminari

La presenza di reperti scheletrici umani in contesti archeologici è molto ricorrente: nonostante ciò, nei principali testi scientifici di riferimento, la metodologia di scavo delle sepolture è un argomento appena accennato, se non totalmente assente. Soltanto nell'ultimo decennio l'interesse per questo argomento è cresciuto, anche se la bibliografia archeologica sullo studio delle sepolture si sofferma sulla popolazione sepolta ancora con una certa saltuarietà.

Se guardiamo alla letteratura di settore degli anni Settanta ed Ottanta del secolo passato uno dei pochi testi in cui si fa riferimento all'argomento è il volume di P. Barker sulle *Tecniche dello scavo archeologico* (1981), per quanto con brevi riferimenti. Per una documentazione più adeguata, infatti l'autore rimanda al manuale di Brothwell *Digging up bones* (1983), che rimane tutt'oggi un volume da cui trarre riflessioni interessanti.

Scorrendo rapidamente la lista delle pubblicazioni che trattano lo scavo di contesti funerari, bisogna arrivare al 1990, anno di pubblicazione dell'articolo del Duday *"L'Anthropologie 'de terrain' reconnaissance et interpretation des gestes funeraires"* (1990), per trovare un lavoro dedicato completamente alle metodologie di scavo e di documentazione delle sepolture, e nel quale vengono fissati i principi fondamentali di "tafonomia". Tra gli obiettivi del gruppo di lavoro diretto dal Duday c'è anche l'elaborazione di uno strumento per la raccolta dei dati sul campo, che verrà ufficialmente presentato nel 1996 (Courtaud 1996). La scheda tafonomica proposta da Courtaud è ancora oggi largamente usata su diversi cantieri di scavo.

Negli ultimi anni la situazione sta cambiando anche in Italia: nelle Università aumentano i corsi di antropologia fisica e si moltiplicano i manuali dedicati allo scavo delle sepolture, vengono proposti nuovi metodi di schedatura dei reperti osteologici, quasi sempre modifiche della scheda elaborata da Courtaud.

Uno dei primi manuali italiani a trattare questo argomento è stato curato da Silvana Borgognini Tarli ed Elsa Pacciani (1993). E' interessante notare come già all'epoca della sua pubblicazione, gli autori avessero inquadrato chiaramente il problema principale, e cioè l'assenza di una standardizzazione dei metodi (Borgognini Tarli e Pacciani 1993, pp. 22-24).

Nel 1994 viene pubblicato un altro manuale: *Recupero dei materiali scheletrici umani in archeologia* scritto da Mallegni e Rubini, in cui viene dedicato un ampio spazio al contributo del Duday. Il manuale è tra i primi ad introdurre i concetti di "tafonomia" applicati allo scavo di sepolture in Italia, e per diversi anni ha rappresentato un punto di riferimento per la materia.

Un ulteriore miglioramento nella schedatura dei resti ossei umani si deve ad Alessandro Canci e Simona Minozzi. Il volume edito nel 2005 è sicuramente uno strumento utilissimo sul campo e la scheda proposta dagli autori risulta essere molto più adatta ad essere usata in fase di scavo, con campi progettati per lasciare meno spazio alla descrizione soggettiva a favore di una standardizzazione dei dati raccolti[6].

L'ultima tappa nell'evoluzione della scheda tafonomica porta ancora una volta la firma di Duday. Nell'ambito del suo corso specialistico intensivo tenutosi a Roma[7], tra gli elaborati finali si è prevista proprio la creazione di una scheda tafonomica.

Il nostro progetto, tuttora in fase di sviluppo, ha avuto quindi inizio dalla definizione di una scheda per le sepolture singole primarie basata sulla rilettura critica della bibliografia già esistente al riguardo. Ma successivamente si è pensato di prevedere l'elaborazione di schede utili a documentare in modo efficace tutte le tipologie di sepoltura fino dalla sua prima impostazione, elaborando una scheda per le sepolture collettive e per quelle secondarie, la cui redazione è ancora in corso.

In questo contributo sarà presentata solo la prima, trattando il problema della sua integrazione all'interno del sistema che comprende anche le normali schede "archeologiche" e della sua utilità all'interno di un GIS di scavo.

3.2. I campi

Se la scheda tafonomica deve essere uno strumento da usare in fase di scavo, come le altre tipologie di schede, dalla US alla USM, deve necessariamente avere delle caratteristiche ben precise. Innanzitutto deve essere "maneggevole", deve avere campi "comprensibili" e soprattutto deve "integrarsi" con tutto il resto della documentazione in modo da capire, in fase di elaborazione dei dati post-scavo, a cosa essa si riferisca senza eccessiva difficoltà.

La prima parte della scheda (in appendice la versione cartacea) è dedicata dunque ai dati generali che servono per "agganciare" la sepoltura al resto della documentazione archeologica. Inoltre, per uniformare la scheda tafonomica a quella US sono stati inseriti dei campi comuni.

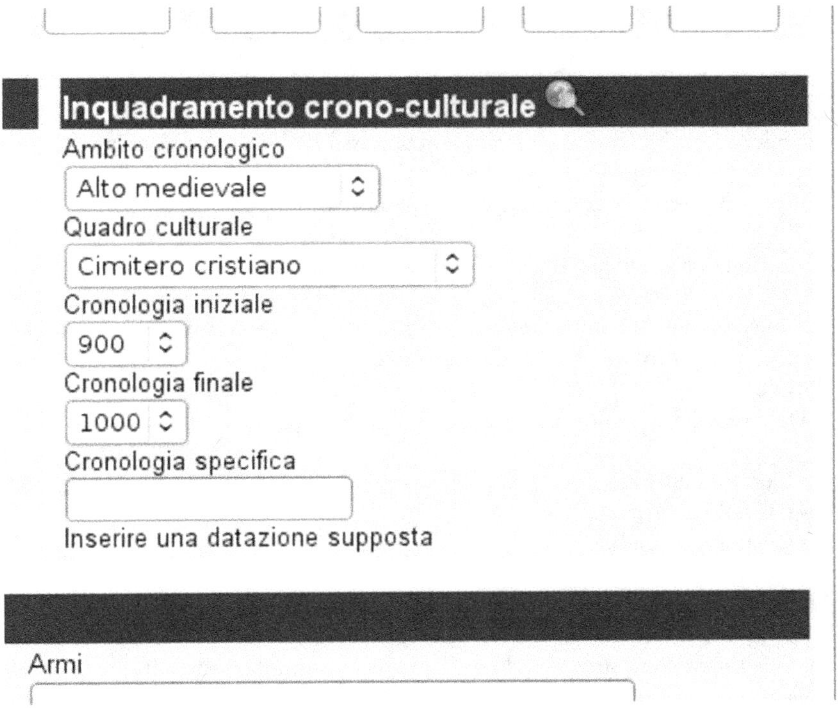

Figura 2: Inquadramento crono-culturale.

Il campo riservato al "n. tomba" si è rivelato particolarmente utile in fase di scavo. Ogni tomba rappresenta in pratica un'Unità di Attività composta da più US: nei casi più semplici essa è costituita dal riempimento, dalla sepoltura e dal taglio, mentre nei casi più complessi può comprendere anche la struttura, il suo taglio di fondazione e numerose sepolture (sepolture collettive o multiple).

Sempre in questa parte della scheda è stato inserito un piccolo riquadro dedicato alla "sequenza stratigrafica" dove è stato chiesto di specificare le US che hanno rapporti diretti con la sepoltura e il tipo di rapporto.

Nella versione informatizzata per alcuni di questi campi è stato fatto un controllo al momento dell'inserimento: se sono nulli, lo script stampa un messaggio di errore.

Una parte significativa della scheda, che di rado abbiamo trovato in altri casi editi, ma, a nostro avviso, fondamentale soprattutto in fase di ricerca, è quella dedicata all' "inquadramento crono-culturale" (fig. 2).

La sezione fornisce anzitutto un'indicazione sulla cronologia assoluta del sito o, più esattamente, sulla fase alla quale si può associare la sepoltura che si sta documentando[8].

Le liste valori si basano su due criteri fondamentali: l'ambito culturale e quello cronologico. In questo modo abbiamo cercato di dare al compilatore, diversi livelli di precisione, dall'attribuzione della sepoltura ad un quadro crono-culturale generico (es. Paleolitico Inferiore), ad un livello di precisione maggiore (es. Cultura del ciottolo) con la possibilità di inquadrare la sepoltura anche sotto il profilo della datazione assoluta.

Il primo campo da compilare è stato chiamato:

- Ambito cronologico

Per questo campo è stata prevista una lista valori che comprende i principali periodi pre/protostorici e storici, dal Paleolitico Inferiore al periodo Postme-dievale.

Dal precedente campo ne dipendono altri 3:

- Quadro culturale
- Cronologia iniziale
- Cronologia finale

Per le liste abbiamo considerato tutti quei contesti in cui è presente almeno una sepoltura e per i quali è riconoscibile un proprio rito funebre. Per il periodo pre e protostorico sono state inserite le principali manifestazioni culturali. Più difficile è stato trovare dei valori per il periodo medievale e postmedievale in cui i riti funebri non presentano grosse differenze. Per quest'ultimo periodo sono stati inseriti i seguenti valori:

- Generico: un caso potrebbe essere il ritrovamento di un individuo morto ma non sepolto[9], o più semplicemente una sepoltura di cui, per vari motivi, non si riesce ad individuare il contesto culturale.
- Cimitero cristiano: questo campo si articola in due sezioni
  - Area riservata ai laici.
  - Area riservata al clero o ai monaci[10].
- Cimitero musulmano
- Cimitero ebraico

I successivi due campi sono anch'essi legati al primo e sono stati inseriti per creare un "raggruppamento cronologico" delle sepolture all'interno delle sequenze di scavo. La ricerca per "cronologia", inoltre, è tra le più usate in archeologia, soprattutto per le sepolture. Per rendere la ricerca più agevole e veloce abbiamo suddiviso questo campo in due sotto-ripartizioni:

- Cronologia iniziale
- Cronologia finale

Le fasce cronologiche si basano sui "quadri culturali" del precedente campo. In questo modo abbiamo un limite massimo e minimo tra i quali collocare la sepoltura nel caso non possiamo dare una datazione precisa.

A questi campi se ne aggiunge un altro:

• Cronologia specifica

Il campo è "libero" ed è stato inserito nel caso in cui vengano ritrovati elementi che possano datare esattamente lo strato e, quindi, la sepoltura.

La sezione successiva è dedicata al "corredo ed elementi del rituale", di fondamentale importanza per tutte le implicazioni culturali che comporta.

Il corredo varia nei secoli, ma anche all'interno della stessa fase cimiteriale, a seconda, ad esempio, del ceto sociale dell'individuo. Anche la tipologia del corredo può variare notevolmente, così come il numero degli oggetti dei quali è composto.

Standardizzare i campi dedicati agli oggetti presenti nella tomba e in rapporto diretto con l'individuo presente, è praticamente impossibile, per tutte le variabili sopra descritte. La soluzione migliore ci è sembrata lasciare i campi liberi e fare, piuttosto, una suddivisione molto generica in classi di oggetti:

• Presenza: campo booleano.
• Posizione rispetto all'individuo. La posizione può essere diagnostica alla comprensione di un eventuale rituale
• Oggetti personali: in questa categoria possono rientrare tutti gli oggetti che l'individuo poteva portare in vita e che gli sono rimasti dopo la morte o che hanno fatto indossare al defunto prima della deposizione come anelli nuziali, collane, etc.
• Abbigliamento: bottoni, fibbie, spille, anellini da lacci.
• Armi. La scelta di creare un campo apposito per questa tipologia di oggetti è dovuta alla loro frequenza, nei contesti sepolcrali, in determinati periodi.
• Elementi del rituale: intesi come oggetti offerti al defunto al momento della deposizione e legati ai riti che accompagnavano la sepoltura (Giuntella 1998, p. 65).
Un esempio può essere l'ocra rossa che copre il corpo di un neanderthal, o il vaso votivo, questi, più che una effettiva appartenenza all'individuo fanno parte dei "gesti rituali" che caratterizzano il rito funebre.

La sezione successiva è dedicata ai "dati generali dell'individuo", i campi inseriti sono:

• Posizione del corpo: importante per riconoscere diverse modalità di sepoltura. Poiché la posizione del corpo non può essere standardizzata (un corpo buttato in una fossa comune non ha una posizione "rituale"), abbiamo aggiunto un campo a inserimento libero "specifica altra posizione".

- Orientamento
- Grado di maturazione: il campo è stato suddiviso nei vari "stadi di crescita" di una persona e cioè feto, infante, bambino, adolescente, sub-adulto non determinabile, giovane, adulto, maturo, senile, non determinabile.
- Età approssimativa: a seconda del valore scelto nel precedente campo, corrispondono determinate fasce d'età.
- Sesso: così come per l'età, anche la determinazione del sesso fatta sul campo non è diagnostica ai fini dello studio antropologico vero e proprio (una determinazione esatta può essere fatta solo in laboratorio), ma se riconoscibile può dare una prima idea delle classi di individui presenti nel sito
- Tipo di tomba
- Ambiente di decomposizione: oltre allo spazio pieno o vuoto è stato previsto uno "spazio misto", non sempre presente nelle schede ma molto comune nei contesti di scavo. Si ha quando il corpo è solo parzialmente coperto. Non è raro trovare una lastra, o altra copertura, appoggiata su due pietre poste ai lati della testa come "forma di rispetto".
- Deposizione: può essere singola, bisoma, multipla, collettiva o non determinabile. Le sepolture multiple e collettive possono essere composte da individui in giacitura primaria per i quali va compilata comunque una scheda individuale, oltre a quella specifica del tipo di sepoltura. Diverso è il caso per le giaciture secondarie.
- Stato di conservazione.
- Disturbo sepoltura: poiché è molto difficile stabilire tutti i possibili elementi di disturbo, nella versione informatizzata è stato previsto un campo generico denominato "altre cause disturbo".

I campi appena elencati sono indispensabili per una corretta interpretazione dei processi tafonomici. E' stato eliminato un campo comune a tutte le schede di questo tipo, quello inerente il tipo di giacitura (primaria o secondaria). L'eliminazione deriva dalla natura stessa della scheda: se si tratta di una scheda per sepolture singole "primarie" è inutile specificare in un campo la natura della giacitura.

Le sezioni successive della scheda riguardano i diversi distretti scheletrici. Per ciascun distretto sono stati inseriti i campi necessari ad una corretta interpretazione, tra i più importanti: la norma d'apparizione dell'osso, eventuali spostamenti post-mortem e le cause di tali spostamenti, il grado di connessione delle articolazioni di cui l'osso fa parte.

In questa parte la scheda non apporta nessun cambiamento rilevante, abbiamo cercato, piuttosto, di rendere più semplice la compilazione della stessa.

Purtroppo molti campi richiedono una certa conoscenza dei processi tafonomici e l'operatore privo di tali strumenti potrebbe non prestare attenzione ad alcuni dettagli, poi importanti in fase di rielaborazione dei dati post-scavo.

Per ovviare a questo problema, ad esempio, è stato inserito per ciascuna connessione un campo che ne definisce il grado (stretta, lassa, assente, non determinabile). La terminologia usata per le liste valori, per quanto possibile, è stata resa meno "tecnica", scegliendo termini più semplici.

Dalla scheda, inoltre sono state eliminate alcune informazioni prettamente specialistiche e imprecise se prese direttamente sul campo, in particolare la lunghezza di alcune ossa per la determinazione dell'altezza dell'individuo. Tale misurazione viene effettuata in laboratorio con strumenti specifici come la tavola osteometrica e il risultato elaborato in una formula (Trotter e Gleser 1971); un errore anche minimo può dare uno scarto di diversi centimetri.

La scheda termina con le "osservazioni tafonomiche", campo in cui scrivere, in forma di relazione breve, tutte le osservazioni fatte. I processi tafonomici sono per loro natura vari e prevedere un campo in cui scrivere in maniera descrittiva le proprie osservazioni, può aiutare a capire in maniera più "immediata" i processi post-mortem e i gesti che hanno accompagnato la sepoltura.

L'elaborazione definitiva della scheda è stata fatta testandola "sul campo", ed ha coinvolto archeologi, antropologi e studenti delle cattedre di Archeologia Medievale (Facoltà di Lettere e Filosofia, Dipartimento di Scienze Archeologiche) e di Paleoantropologia (Facolta' di Scienze Matematiche Fisiche e Naturali, Dipartimento di Biologia) dell' Università di Pisa.

Ciò ha permesso di capire effettivamente quali potevano essere i problemi incontrati nella compilazione della scheda dalle varie tipologie di utente; problemi in seguito risolti grazie al costante confronto con altri antropologi ed archeologi provenienti da diversi settori di studio.

G. P., G. N.

4. Il database

Per la costruzione del database relativo alle schede usate per la documentazione di scavo la scelta è ricaduta su PostgreSQL[11] (versione 8.2.5), ampiamente utilizzato e che, nel corso degli anni, si è affermato come uno dei più potenti e versatili database server in circolazione (Pratesi 2007), con una larga comunità di sviluppatori e un'architettura fortemente modulare. In particolare, è stata determinante nella scelta finale la possibilità di usare l'estensione spaziale PostGis[12], che consente a PostgreSQL di gestire dati spaziali e di compiere operazioni anche complesse su di essi.[13]

Il primo problema è stato definire le tabelle e le rispettive relazioni, al fine di ottenere un database funzionale ma soprattutto "ben strutturato". Il primo passo è stato individuare i campi per capire in quante e in quali tabelle suddividerli; il successivo è stato stabilire le chiavi per creare il modello relazionale.

Anzi tutto sono stati isolati i dati che servono ad archiviare la scheda o la singola informazione in essa contenuta collegandola alla struttura più generale costituita dai vari sottoinsiemi, quali il sito, la località ed il database archeologico generale. Queste voci sono state tutte raccolte in una tabella chiamata "Dati generali".

La tabella è composta da:

- id, numero progressivo e chiave primaria
- località, chiave univoca
- sigla sito, chiave univoca

A questa tabella, che possiamo definire come tabella di "primo livello", sono state collegate, tramite chiavi esterne, diverse tabelle di "secondo livello" che comprendono le varie schede.

La relazione prevede, nel caso di eliminazione di un record dalla tabella principale, l'eliminazione "a cascata" dei record correlati.

Ogni scheda di "secondo livello" può avere delle schede accessorie, che potremmo definire di "terzo livello", anch'esse collegate tramite chiavi esterne alle schede del livello immediatamente superiore. Le relazioni sono di tipo "uno a molti" sia tra primo e secondo livello che tra secondo e terzo.

Alle tabelle è stato aggiunto un campo per il salvataggio delle immagini.

Un sistema che preveda la gestione e la memorizzazione di immagini, può essere strutturato principalmente in tre modi:

- Memorizzazione delle immagini in un campo BLOB
- Memorizzazione delle immagni in un campo OID
- Salvataggio delle immagini sul filesystem con un riferimento nel database al percorso dell'immagine su disco rigido.

L'utilizzo dei primi due metodi potrebbe presentare dei problemi che ne sconsiglierebbero l'adozione, come dettagliatamente analizzato da Pratesi 2007.

La soluzione migliore ci è sembrata, quindi, quella di memorizzare l'immagine sul disco fisso del server tramite il filesystem e di salvare nel database i riferimenti necessari per individuare l'immagine sul disco (nel nostro caso il path e il nome del file).

Un altro campo di fondamentale importanza per la struttura del sistema è il tipo GEOMETRY, nel quale vengono memorizzate le coordinate spaziali. Tale campo permette di memorizzare sullo stesso database sia i dati alfanumerici che quelli vettoriali, permettendo di controllare in modo semplice e sicuro una grossa mole di dati come quella prodotta da una ricerca archeologica. La scelta di mantenere una tale stretta relazione fra i dati, inserendoli tutti nello stesso record, si è rivelata per noi ottimale, rendendo il lavoro di analisi veloce e completo, grazie alla possibilità di accedere a qualsiasi tipo di dato, dai rilievi osteometrici all'analisi degli alzati, in modo semplice.

Anche nella gestione del webgis abbiamo trovato una facilità di utilizzo maggiore: invece di caricare nel map file i singoli shape, creiamo un collegamento al database, con query definite basandosi sulle categorie d'interesse.

Un altro campo, non visibile nei form d'inserimento, è quello che riguarda il "tipo_scheda". L'inserimento di questo campo è stato necessario per semplificare le operazioni di ricerca e d'impaginazione dei risultati.

5. L'interfaccia grafica

5.1. I fogli di stile

I vantaggi legati all'uso dei fogli di stile (Cascade Style Sheets, CSS) sono innegabili, soprattutto per la gestione della parte grafica. Un foglio di stile detta le regole di formattazione di una pagina, permettendo una più facile gestione di un sito (ad esempio, diminuendo i tempi di sviluppo e manutenzione/restyling) ed una migliore accessibilità da parte degli utenti (ad esempio, tempi minori di caricamento).

L'impianto generale è basato su un layout fisso a due colonne più una riga d'intestazione (header) e una a pié di pagina (footer) tranne che per la pagina iniziale, formata da una colonna centrale, più header e footer, per la quale è stato creato un foglio di stile a parte.

Il blocco del footer è comune a tutte le pagine ed è riservato a informazioni di interesse generale come la licenza Creative Commons[14], i siti dei software usati, il sito ufficiale della comunità Linux e quello della GNU Foundation.

Il blocco centrale è diviso in 3 schede corrispondenti alle 3 sezioni nelle quali è suddiviso il sistema. Ogni scheda è una piccola presentazione della relativa sezione, nella quale si possono trovare le informazioni principali e i link d'accesso. Le sezioni principali sono:

- Sistema Schedatura Dati: strumento per la gestione dei dati di scavo e di laboratorio.
- Webgis: sviluppato con Mapserver e P.mapper
- Pagine Wiki: sezione di "supporto". Il loro scopo è quello di guidare l'utente nell'utilizzo del sistema, soprattutto nella compilazione delle schede, ognuna delle quali avrà la sua pagina di supporto con spiegazioni dettagliate, esempi e immagini per chiarire meglio alcuni concetti.

L' header ha come titolo il nome della sezione.

Elemento nuovo del blocco è la barra di navigazione, presente in tutte le pagine. I link presenti riportano alle pagine principali del sito:

- home
- cerca
- webgis
- wiki
- bibliografia

La formattazione è gestita tramite CSS mentre i contenuti (immagini e link) sono gestiti da uno file esterno incluso nella pagina.

Il blocco centrale è diviso in due parti: una barra di navigazione laterale, anch'essa gestita da un file esterno, e la parte dei "contenuti".

La colonna laterale contiene i link alle schede, le quali sono divise per tipologia (in corsivo le schede già attive, le altre sono in corso di preparazione):

- Schede archeologiche: UT, US, USM.
- Schede tafonomiche: Sepoltura Singola, Sepoltura Collettiva, Sepoltura ad Incinerazione
- Schede laboratorio: Quantificazione reperti, Scheda numismatica
- Schede antropologiche: Patologie, Rilievi Antropometrici, Scheda Mummiologica, Ergonomia, Paleonutrizione, Analisi Microscopica.

I link della colonna laterale reindirizzano l'utente alla pagina iniziale della scheda richiesta, dalla quale è possibile svolgere diverse operazioni:

- visualizzare l'elenco delle schede già compilate
- cercare una scheda
- effettuare una ricerca in tutto il database
- inserire una nuova scheda
- effettuare il login
- tornare alla home page

L'elenco schede (fig. 3) riporta le informazioni principali per ogni record (una specie di elenco US che si usa in fase di scavo). Da qui è possibile visualizzare, modificare o eliminare la scheda. Per rendere più comoda la visualizzazione,

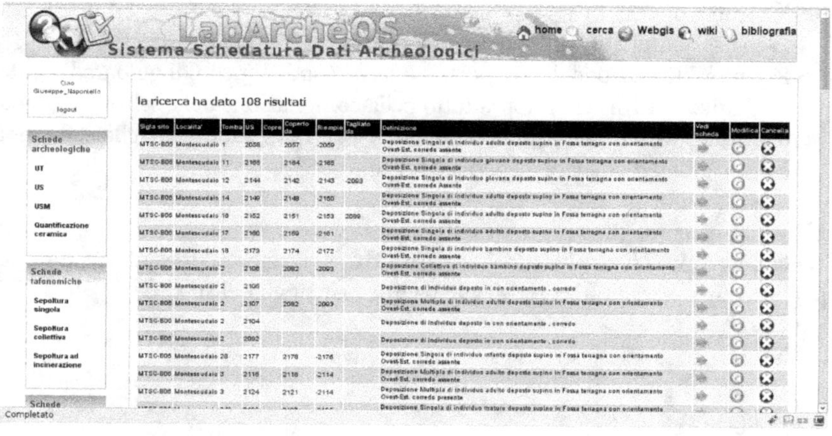

Figura 3: Elenco schede sepoltura singola

Figura 4: Visualizzazione scheda.

ogni pagina stampa un numero prestabilito di record. Una barra di navigazione in basso permette di spostarsi tra le pagine nel caso in cui il numero totale dei record presenti nel database superi il numero prestabilito. La creazione dinamica delle pagine è gestita da uno script in PHP.

La pagina per l'inserimento dati è composta da uno specchietto dove vengono elencati i siti già presenti nel database, e dal form per l'inserimento vero e proprio. Lo scheda riassuntiva ha lo scopo di evitare errori di battitura per campi importanti come la sigla del sito e la località (chiavi univoche).

Un controllo maggiore è stato fatto nella scheda, dove i due campi sono formati da liste valori dinamiche, le quali vengono popolate dai record presenti nella tabella "dati generali". In questo modo si obbliga l'utente a scegliere solo tra i siti presenti. Se un sito risulta assente, viene chiesto all'inizio di inserirlo, ed una volta inserito sarà automaticamente presente nella lista valori.

Se l'invio dei dati fallisce viene visualizzato un errore, altrimenti il server "carica" l'ultima scheda inserita. Il layout delle schede presenti (fig. 4) è leggermente diverso da quello d'inserimento: l'utente che cerca una particolare scheda vuole subito un quadro riassuntivo, per cui abbiamo deciso di mostrare subito i campi identificativi (sito, località, US, n. di tomba), e poi la foto (se caricata al momento dell'inserimento) con accanto le osservazioni tafonomiche.

Particolare attenzione è stata posta alla parte che riguarda la ricerca.

In un sistema ampio come il nostro, la mole di dati da gestire è considerevole e il rischio di creare un sistema di ricerca dispersivo, che non sia in grado di rispondere alle richieste dell'utente, è alto. D'altra parte, programmare delle query che soddisfino tutti i tipi di richieste è praticamente impossibile.

L'idea è quella di fornire, a chi utilizza il sistema, una serie di "tipi di ricerca" che vadano dalla più generica fino alla più articolata, in modo da permettere una ricerca sempre più affinata. L'utente deve, inoltre, poter scegliere subito che livello di ricerca utilizzare. Ogni livello ha un suo form con i campi prestabiliti. Mettere tutto nella stessa pagina poteva creare problemi di "disorientamento"; dedicare una pagina per ogni tipo di ricerca oltre a provocare un aumento delle dimensioni dei contenuti da gestire, avrebbe aumentato anche i "click", ma una navigazione macchinosa e complicata è uno dei principali motivi della perdita d'interesse e dell'abbandono di un sito web.

Per ovviare ai problemi appena espressi abbiamo usato i cosiddetti "spinner", che utilizzano tecnologia Javascript. Gli spinner permettono di avere, all'interno di una pagina, del contenuto nascosto, identificabile da un titolo, un immagine o altri elementi sempre visibili. Il codice Javascript agisce sui blocchi di codice racchiusi dal tag <div>. Una volta definita la funzione, basta creare il blocco sul quale vogliamo che la funzione agisca e assegnargli la classe specifica definita nella funzione. Non c'è un limite al numero degli spinner né al loro contenuto. Nel nostro caso il titolo definisce il tipo di ricerca. Le ricerche disponibili sono:

- Ricerca generica: il termine immesso viene ricercato tra tutti i record di tutte le tabelle presenti nel database. Il risultato viene visualizzato sotto forma di elenco nel quale sono presenti i campi principali (località, sigla del sito, n. us) e il tipo di scheda, a partire dai quali è possibile visualizzare la scheda completa.
- Ricerca avanzata (fig. 5): i campi del form sono quelli più usati per una ricerca "standard" come la "tipologia scheda", "località", "sigla sito" e "us"
- Ricerca per schede: poiché ogni scheda ha i suoi campi peculiari che possono non essere presenti nelle altre schede, creare dei form di ricerca specifici era inevitabile. All'apertura dello spinner viene visualizzato l'elenco delle schede, selezionando una delle quali viene caricata la pagina di ricerca relativa. Nel caso delle sepolture singole abbiamo scelto, oltre a

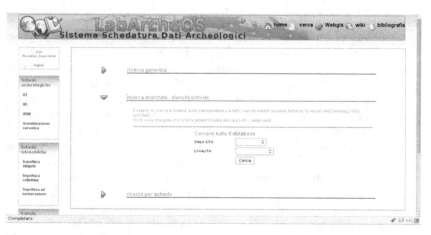

Figura 5: Pagina di ricerca generica.

quelli generici (località, sigla sito, us), i campi di interesse maggiore ai fini di una ricerca di una sepoltura come
– "quadro culturale"
– "n. tomba"
– "età"
– "sesso"
– "presenza corredo"
– "presenza patologie"

6. Gli script

Per gli script è stato usato usato prevalentemente il linguaggio php. Per alcune operazioni è stato realizzato codice in Javascript. La scelta del php è stata suggerita dal fatto che il linguaggio ben si adatta ai nostri bisogni: è flessibile, relativamente facile e adatto alla programmazione di interfacce semplici.

6.1. L'autenticazione

Per poter compiere operazioni di scrittura sul database, bisogna essere utenti "abilitati".

Gli utenti non iscritti possono solo effettuare operazioni di ricerca e visualizzazione di tutte le pagine "non protette".

Gli utenti iscritti sono gestiti da un'apposita tabella in cui vengono memorizzate le informazioni principali. L'iscrizione avviene tramite un apposito modulo di registrazione.

6.2. Le sessioni

Al momento del login viene aperta una sessione e vengono registrate alcune variabili come il "nome utente", in modo da poter tenere traccia di tutte le operazioni effettuate dall'utente.

Per la registrazione delle variabili di sessione è stata usata $_SESSION, come consigliato dal manuale ufficiale di PHP (pag. 1342): "L'uso di $_SESSION (o $HTTP_SESSION_VARS con PHP 4.0.6 o precedente) è raccomandato per sicurezza e leggibilità del codice."

6.3. Inclusione di file esterni

Come già accennato all'inizio, per una migliore gestione delle singole parti tutto il sistema è stato pensato come una struttura "modulare" formata da vari blocchi richiamati all'interno della pagina dall'istruzione "require_once();".

I file "esterni" gestiscono:

- La connessione al database.
- La barra di navigazione orizzontale.
- Il menù verticale.
- Il controllo sulle sessioni.
- La gestione degli "spinner".

Oltre agli script, un altro file esterno è quello che gestisce il layout.

6.4. Gli spinner

Aprendo la pagina di ricerca notiamo subito la presenza degli "spinner".

Il loro comportamento è gestito da tre funzioni fondamentali, definite nel file incluso. La prima funzione si occupa della creazione dinamica degli elementi che compongono la "sezione". Scorrendo la funzione notiamo come l'id e il titolo siano usati come link allo script Javascript che gestisce effettivamente l'effetto di apertura e chiusura del blocco. Altro punto importante della funzione è quello che definisce il comportamento del "blocco dei contenuti" della sezione; identificato dalla classe "spin-content", ha come stato iniziale "nascosto".

La seconda funzione si occupa della chiusura delle sezioni e si limita alla creazione dei tag di chiusura, aperti dalla precedente funzione.

L'ultima funzione si occupa dell'apertura e la chiusura del blocco.

Per richiamare la funzione basta aggiungere una riga di codice nel punto della pagina in cui si vuole far iniziare la sezione specificando un numero di id e un titolo. Un'altra riga di codice per indicare dove la sezione finisce.

6.5. L'inserimento

Una volta effettuato il login è possibile inserire una nuova scheda. Ogni campo di input ha un nome identificativo, che viene passato allo script di inserimento usando il metodo POST.

Alcuni campi sono stati collegati al database per popolare dinamicamente le liste valori.

Per l'inserimento di nuovi siti viene utilizzata una normale query inserita in un costrutto condizionale: se l'inserimento va a buon fine, tramite la chiamata header viene effettuato un redirect alla pagina precedente. In questo modo viene effettuato anche un refresh della pagina, in modo da aggiornare la lista valori con l'ultimo sito inserito.

Compilando la scheda di sepoltura singola, il primo campo offre la possibilità di salvare una foto dell'US; per caricare immagini sul server è stata creata un'apposita funzione.

Vengono definite alcune variabili su cui vengono fatti dei controlli. Se una variabile non passa tale controllo, viene stampato l'errore e lo script s'interrompe. Il valore true attiva la variabile, ma si può decidere di impostare il valore a false, in modo che i controlli su quella variabile vengano annullati. Le informazioni per il controllo vengono estrapolate dall'immagine grazie alla variabile predefinita $_FILES.

La variabile $tipo è un' array in cui vengono specificati i tipi di file permessi. Passati i controlli, il file viene caricato sul server nella directory predefinita dalla variabile $dir, usando il comando move_uploaded_file. Copiato fisicamente il file sul server, viene salvato il percorso nel database.

La sezione dedicata al "quadro culturale" è stata creata usando Javascript. Il primo campo "ambito cronologico" è formato da una semplice lista valori per la quale è stato specificato un particolare comportamento.

Nello script vengono specificati dei "gruppi di valori" associati tramite id ad ogni opzione della prima lista valori. Lo script controlla il valore scelto nella prima lista e in base al suo numero viene popolata la lista valori degli altri campi caricando il gruppo corrispondente. Creata la variabile group vengono definiti gli array associativi. Il primo array indica la prima opzione della lista. Il secondo array indica il numero progressivo delle nuove opzioni.

Riempiti tutti i campi, i valori vengono passati allo script per l'inserimento, processando le stringhe per evitare problemi dovuti all'uso di caratteri che creano conflitti con il codice.

Se magic_quotes_gpc è disabilitata, le stringhe vengono processate usando la funzione addslashes; in ultimo viene fatto l'escape.

Un ultimo controllo viene effettuato sui campi obbligatori: se il campo risulta vuoto viene stampato un errore e lo script s'interrompe.

Superati i controlli viene effettuata la query d'inserimento e se non ci sono errori viene visualizzata la scheda appena compilata.

6.6. Modifica ed eliminazione

Si può accedere alla pagina di modifica o di eliminazione di una scheda da diversi punti, ad esempio dalla pagina che visualizza l'elenco schede. Quest'ultimo, in particolare, permette diverse operazioni come l'apertura della scheda selezionata, la sua modifica o eliminazione.

L'elenco viene prodotto da una query che estrae dalla tabella alcuni campi, tra cui l'*id*. Tale variabile viene "passata" allo script per mezzo di un link.

6.7. La ricerca e la visualizzazione

Gli script per la ricerca nel database non presentano grosse difficoltà a livello di programmazione: le query sviluppate vanno dalle più semplici per la ricerca su singole tabelle, alle più complesse per le ricerche incrociate.

Per quest'ultimo tipo di ricerca è stata usata una join, specificando la relazione tra chiavi esterne, secondo lo schema mostrato.

Le variabili da passare allo script con le stringhe richieste e le query stesse, sono state definite considerando la possibilità di lasciare il campo vuoto o di inserire parole troncate.

Nel caso della "ricerca avanzata" è stato necessario inserire nello script un'istruzione condizionale che specificasse, stampato il risultato della ricerca, a quale pagina associare ogni record trovato.

Alla variabile $tipo viene associato il tipo di scheda, a seconda del quale lo script carica la pagina relativa.

Nel caso di un grosso numero di record, mostrare i risultati nella stessa pagina può risultare "poco pratico". Per ovviare a tale problema è stato creato un script per l'impaginazione dinamica dei dati. Si stabilisce il numero di record da mostrare, dividendo il numero di record estratti dal database per il numero di record da mostrare, si calcolano le pagine da creare. Lo script crea anche una piccola barra per navigare tra le pagine dei risultati.

7. Gli sviluppi futuri

L'applicazione è tuttora in fase di sviluppo e sarà oggetto di ulteriore ricerca, il cui passo più immediato sarà una tesi di laurea elaborata da chi scrive. Le implementazioni future prevedono l'integrazione delle schede mancanti per le diverse tipologie di sepolture, la creazione delle pagine "wiki" e la creazione di script per una migliore interazione con il webgis.

Particolare attenzione si sta infine prestando ad alcune funzioni spesso utili per le Soprintendenze ed altri Enti Pubblici: grazie alla libreria FPDF, ad esempio, è in corso di elaborazione un layout per la stampa delle schede.

G. N.

…6. anni dopo

Dalla presentazione in occasione della II edizione del workshop ad oggi, lo sviluppo del sistema è andato avanti lentamente ma in maniera costante.

Il nuovo sistema è stato presentato in occasione del convegno "Opening the Past. Archaeological Open Data" (9 Giugno 2012, Pisa)[15].

I cambiamenti più grossi hanno riguardato l'infrastruttura software; scelte di carattere tecnico hanno portato ad abbandonare Mapserver affidando la gestione della parte geografica a Geoserver.

Di conseguenza il front-end grafico è stato totalmente riscritto utilizzando le librerie di OpenLayers che hanno permesso da un lato una maggiore personalizzazione della parte grafica, dall'altro lo sviluppo di funzioni specifiche. L'utilizzo, inoltre, delle librerie di jQuery, che si integrano perfettamente a quelle di

OpenLayers, hanno permesso di raggiungere in maniera più che soddisfacente gli obbiettivi prefissati in fase di modellazione.

Il sistema è stato ampiamente testato anche in occasione di alcune tesi di laurea che hanno avuto come argomento proprio lo scavo del monastero di Santa Maria di Montescudaio. Grazie al contributo degli studenti, in sinergia con il gruppo di lavoro, la banca dati è stata ulteriormente popolata permettendo di effettuare diversi tipi di analisi in modo da testarne, ed eventualmente migliorare, la risposta.

Un ulteriore passo in avanti è stato fatto delineando in maniera più precisa le modalità di divulgazione dei dati. Sin dall'inizio è stato deciso di utilizzare licenze aperte sia per i dati che per il software; la scelta è ricaduta su licenze GNU GPL/LGPL per i software e Creative Commons Attribution o, dove possibile, CC0 (Public Domain) per i dati. Negli ultimi anni si è largamente diffuso il concetto di Open Data anche in Italia (un bell'esempio è dato dal progetto Mappa, sviluppato dall'Università di Pisa). In virtù di ciò è stato deciso di rivedere la struttura dei dati in modo tale da renderli il più aderente possibile alle linee guida sugli Open Data.

Tutto il lavoro svolto in questi anni si è "concretizzato" attraverso un accordo con il Comune di Montescudaio, il quale ha concesso l'utilizzo di alcuni spazi comunali per la creazione di un "Centro di documentazione per l'Archeologia Medievale e Postmedievale della Bassa Val di Cecina (CEDIAMP)". Purtroppo, per motivi di carattere amministrativo, il sistema non è accessibile via web agli utenti esterni. E' auspicabile la risoluzione di tali problemi nel giro di pochi mesi, dopodiché il sistema sarà consultabile all'indirizzo http://www.cediamp.it/.

Notes

[*] Dipartimento di Archeologia, Università di Pisa.

[1] Gli insegnamenti di Esegesi delle Fonti per la Storia Medievale (Prof.ssa Maria Luisa Ceccarelli Lemut), e di Archeologia Medievale (Prof. Marco Milanese).

[2] Rappresentata dalla Dott.ssa Annamaria Esposito che si ringrazia per la cortese collaborazione.

[3] Oltre a Montescudaio, sono state già realizzate ricognizioni nell'ambito del Comune di Guardistallo e sono state raccolte le fonti d'archivio relativamente ad alcune zone comprese nei limiti amministrativi di Riparbella, di Casale e di Castellina Marittima.

[4] Coordinamento di Federico Andreazzoli e di Monica Baldassarri (Università di Pisa).

[5] Impostazione del GIS di Marco Tremari (Università degli Studi di Milano).

[6] Gli autori prevedono, per la maggior parte dei campi previsti dalla scheda, delle liste valori o, quando non presenti, danno chiare indicazioni sulla compilazione del campo specifico.

⁷ Corso specialistico intensivo tenutosi a Roma (18 Ottobre-6 Novembre 2004) nell'ambito del Programma europeo "Cultura 2000" (Programma Quadro CLT 2004/A1/IT-350).

⁸ Tale procedimento si può dimostrare utile soprattutto in siti pluristratificati: dalle cronologie "relative" delle singole fasi, si può stabilire la cronologia "assoluta" del sito.

⁹ Pensiamo, ad esempio, ad un soldato morto in battaglia o ad un caso, seppur raro, come quello della mummia del Similaun.

¹⁰ La destinazione funeraria degli spazi rimane un problema complesso poiché non esistono degli schemi fissi. Oltre alle implicazioni di tipo giuridico esistono altre variabili: sociali, economiche, religiose. Anche in questo caso la bibliografia è molto vasta, si veda, ad esempio, il testo di P. Ariés (Ariés 1997) o gli atti del *VII Seminario sul Tardoantico e l'Altomedioevo in Italia Centrosettentrionale* (Brogiolo e Cantino Wataghin 1998).

¹¹ Si veda http://www.postgresql.org/.

¹² Si veda http://www.postgis.org/. Sviluppato da Refractions: si veda www.refractions.net.

¹³ Quali ad esempio l'archiviazione di dati vettoriali 2d e 3d, la gestione di circa 200 sistemi di riferimento, la possibilità di esportare dati sia in SVG (Scalable Vector Graphics) che in GML (Geography Markup Language), la facilità nell'interfacciarsi ai principali applicativi GIS grazie alla conformità agli standard definiti dall'Open Geospatial Consortium.

¹⁴ Creative Commons è un progetto internazionale sul diritto d'autore, per lo sviluppo di licenze basate sul concetto del *copyleft*: si veda per l'Italia http://www.creativecommons.it/.

¹⁵ Monica Baldassarri et al. 2012.

Riferimenti bibliografici

Andreazzoli, F. e M. Baldassarri (2006). «Il monastero di S. Maria di Montescudaio e l'insediamento medievale in Bassa Val di Cecina: nuove acquisizioni dale recenti indagini storico-archeologiche». In: a cura di C. Marcucci e C. Megale. Vol. Il Medioevo nella provincia di Livorno. I risultati delle recenti indagini, pp. 75-88.

Ariés, P. (1997). *L'uomo e la morte dal Medioevo ad oggi*. Mondadori.

Baldassarri, Monica et al. (2012). «Dallo studio del territorio ad un WebGIS 2.0 per la Bassa Val di Cecina». In: *MapPapers* 3.II, pp. 90-91. DOI: 10.4456/MAPPA.2012.05.

Barker, P. (1981). *Tecniche dello scavo archeologico*. Longanesi.

Bass, W.M. (1953). *Human Osteology, A Laboratory and Field Manual*. Columbia: Missouri Archaeological Society Inc.

Borgognini Tarli, S. e E. Pacciani (1993). *I resti umani nello scavo archeologico*. Roma: Bulzoni Editore.

Brogiolo, G.P. e G. Cantino Wataghin, cur. (1998). *Sepolture tra IV e VIII secolo. VII Seminario sul Tardoantico e l'Altomedioevo in Italia Centrosettentrionale.* Mantova.

Brothwell, D.R. (1983). *Digging up bones.* Oxford: Oxford University Press.

Byers Steven N. (2005). *Introduction to forensic anthropology.* Boston: Pearson Education Inc.

Canci, A. e S. Minozzi (2005). *Archeologia dei resti umani, dallo scavo al laboratorio.* Urbino: Carocci.

Cantino Wataghin, G. e C. Lambert (1998). «Sepolture e città. L'italia settentrionale tra iv e viii secolo». In: *Sepolture tra IV e VIII secolo. VII Seminario sul Tardoantico e l'Altomedioevo in Italia Centrosettentrionale.* A cura di G.P. Brogiolo e G. Cantino Wataghin. Mantova, pp. 89-114.

Carandini, A. (2000). *Storie della terra. Manuale di scavo archeologico.* Torino: Einaudi.

Cattaneo, C. e M. Grandi (2004). *Antropologia e odontologia Forense, guida allo studio dei resti umani- testo atlante.* Monduzzi Editore.

Courtaud, P. (1996). «Anthropologie de sauvatage: vers une optimisation des méthodes d'enregistrement. Presentation d'une fiche anthropologique». In: *Bull. et Mem. de la Soc. d'Anthrop. de Paris* 8.3-4.

Duday, H. (2005). *Lezioni di archeotanatologia, archeologia funeraria e antropologia di campo.* Roma: Ministero Beni Culturali.

Duday, H. et al. (1990). «L'anthropologie "de terrain". Reconnaisance et interpretation des gestes funeraires». In: *Bull. et Mem. de la Soc. d'Anthrop. de Paris.*

Fabbri, P. F. (2001). «Sepolture primarie, secondarie e ossari: esempi dal cimitero medievale di Roca Vecchia (Lecce)». In: *Rivista di Antropologia.*

Fabbri, P.F. (1992). «Lo scavo dei resti scheletrici umani: esempi dalla necropoli medievale di Entella». In: *Atti delle Giornate Internazionali di Studi sull'Area Elima.* Pisa: Ghibellina.

Gabucci, A. (2005). *Informatica applicata all'archeologia.* Roma: Carocci.

Gelichi, S. e M. Librenti (2001). «Ceramiche e conventi in Emilia Romagna in epoca moderna: un bilancio». In: *Archeologia Postmedievale* 5, pp. 13-38.

Giuntella, A. M. (1998). «Note su alcuni aspetti della ritualità funeraria nell'altomedioevo. Consuetudini e innovazioni». In: *Sepolture tra IV e VIII secolo. VII Seminario sul Tardoantico e l'Altomedioevo in Italia Centroset-tentrionale.* A cura di G.P. Brogiolo e G. Cantino Wataghin. Mantova.

Harris, E.C. (1983). *Principi di stratigrafia archeologica.* Roma: La nuova Italia scientifica.

Herring, A. (1995). *Grave reflections, portraying the Past through Cemetery studies,* Toronto: Canadian Scholars' Press Inc.

Maetzke, G. et al. (1977). «Problema dell'analisi descrittiva nelle ricerche dei siti archeologici pluristratificati». In: *Archeologia Medievale* IV, pp. 7-46.

Mallegni, F. (1983). «Archivio per l'antropologia e la etnologia». In: a cura di F. Mallegni. Firenze: Tipografia Ricci. Cap. Proposta di una 'scheda antropologica' per la schedatura dei reperti umani, p. 320.

Mallegni, F. e M. Rubini (1994). *Recupero dei materiali scheletrici umani in archeologia*. Roma: CISU.

Marella, G. L. (2003). *Elementi di antropologia forense*. Padova: Cedam.

Martini, F. (2006). *La cultura del morire nelle società preistoriche e protostoriche italiane. Studio interdisciplinare dei dati e loro trattamento informatico*. Firenze: Istituto Italiano di Preistoria e Protostoria.

Mascione, C. (2006). *Il rilievo strumentale in archeologia*. Roma: Carocci.

Masset, C. (1987). *Le recrutement d'un ensemble funeraire*. Paris: CNRS.

Napolitano, M. e E. Venturato (2005). «Post-GIS: il database geografico Open Source». In: *MondoGIS* 49, pp. 63-67.

Netter (1989). *Atlas of Human Anatomy*. CIBA-GEIGY Corporation.

Pratesi, F. (2007). «Archiviazione e ricerca di immagini per contenuto cromatico attraverso database PostgreSQL». Liberamente scaricabile dal sito della comunità italiana utenti postgres (http://www.psql.it/?q=node/28). tesi di laurea. Firenze: l'Università di Firenze, Corso di Laurea in Ingegneria.

Reichs, K.J. (1998). *Forensic osteology: advances in the identification of human remains*. Springfield: Thomas Publisher.

Rubini, M. (1991). *La necropoli di Castro dei Vol-sci: problematiche ed aspetti di antropologia fisica*. Roma: Ministero Beni Culturali.

Severini, F. (1996). *Appunti per uno scavo di necropoli*. Pisa: SEU Servizio Editoriale Universitario.

Trotter, M. e G. C. Gleser (1971). «Estimation of stature from bones of American Whites and Negroes». In: *American Journal of Physical Anthropology* 16, pp. 79-123.

Ubelaker, D.H. (1999). *Human Skeletal Remains. Excavation, analysis, interpretation*. Washington.

CAPITOLO 7

Integrazione di dati archeologici geografici e non geografici con MAD

Andrea D'Andrea[*], Achille Felicetti[‡],
Matteo Lorenzini[‡], Cinzia Perlingieri[*]

SOMMARIO. Grazie alla sua versatilità data dalla struttura XML, il linguaggio GML (Geographic Markup Language) dell'Open Geospatial Consortium (OGC) si sta rivelando sempre di più un valido strumento per lo scambio di dati geografici, grafici ed alfanumerici in maniera standard ed interoperabile sia su piattaforme GIS locali che web oriented. Il nostro progetto consiste nell'integrazione del GML con dati non geografici utilizzando l'applicativo MAD (Managing Archaeological Data) sviluppato per la gestione di dataset archeologici strutturati e non strutturati al fine di creare un sistema completamente basato su sintassi XML per la gestione sia dei dati geografici che non geografici.

ABSTRACT. *GIS is an efficient tool for the management of complex geospatial datasets, but geographic information is stored in heterogeneous environments which makes sharing very difficult. To overcome this lack of interoperability, the Open Geospatial Consortium (OGC) has created an XML-based Geographic Markup Language (GML) to provide an XML-based encoding of geo-spatial data and make them portable and flexible enough to be used in different contexts. Data encoded in GML can be integrated with non-spatial data using MAD (Managing Archaeological Data), an application designed to manage structured and unstructured archaeological excavation datasets in order to create complete XML-based systems. This paper will present the GIS extension of MAD enabling the integration with non-spatial excavation information to preserve the native web compliancy of data and the possibility of managing unstructured documents (excavation diaries and reports) in a spatial context.*

La condivisione delle informazioni geografiche sul web richiede una standardizzazione dei dati geografici che oggi è in via di definizione grazie al contributo di istituzioni quali l'ISO, con gli standard ISO 19100, e l'OGC (Open Geospatial Consortium, http://www.opengeospatial.org/) con i loro OpenGIS project e con lo sviluppo dello standard GML.

La struttura dati di una piattaforma GIS consiste nella giustapposizione di differenti tipi di informazione: da una parte ci sono i dati alfanumerici inerenti le informazioni da collocare sulla mappa (generalmente contenuti all'interno di un database), dall'altra ci sono la cartografia di base, che spesso utilizza formati proprietari come DWG (CAD) o SHP (ESRI), e le informazioni relative alla georeferenziazione che sono contenute in un file .tfw, il quale fornisce al file cartografico (raster o vettoriale) le informazioni di collocazione spaziale.

1. L'Open Geospatial Consortium e il GML

Una delle possibili soluzioni al problema dell'integrazione dei diversi dati potrebbe essere l'uso del formato GML utilizzabile sia per applicazioni standalone che per applicazioni web.

Lo standard GML definisce un linguaggio ad oggetti all'interno del quale ogni entità contiene informazioni geografiche e alfanumeriche, per cui:

• ogni entità rappresenta una classe autonoma
• gli oggetti si identificano in base alla loro classe e non al loro codice

Gli oggetti, quindi, sono raggruppati non perché appartenenti alla stessa tabella di dati, ma in base a criteri logici; inoltre un oggetto può contenere altri oggetti, per cui ai dati cartografici potranno essere aggiunti anche dati spaziali e dimensionali, strutturati sugli standard ISO 19107 e ISO 19111, senza dover ricorrere a file esterni.

La sintassi del GML è basata sulla grammatica XML, espressa in XSD, del World Wide Web Consortium, il che costituisce un ulteriore elemento di standardizzazione.

Molti dei principali software di gestione di dati spaziali, sia proprietari che Open Source, sono oggi in grado di gestire il formato GML 2.0, sebbene non supportino ancora lo standard GML 3.0 che permette di gestire molte più informazioni. Tra le principali caratteristiche della versione 3.0 figurano:

• geometrie complesse, non lineari, tridimensionali
• topologia per elementi bidimensionali
• possibilità di visualizzare elementi aventi componenti temporali e/o dinamiche

- utilizzo di sistemi di riferimento e/o unità di misura
- conformità ad ulteriori standard normativi
- struttura dati più adatta alla propria applicazione

I concetti base utilizzati dal GML per la modellazione dei dati geografici sono tratti dall'Abstract Specification dell'OGC (http://www.opengis.org/techno/abstract.htm).

GML fornisce numerosi tipi di oggetti utilizzabili per descrivere dati geografici, fra cui entità, sistemi di coordinate, geometria, topologia, tempi e unità di misura;[1] per poter essere rappresentato necessita di uno strumento di rendering capace di interpretarne il contenuto mediante simboli grafici, stili di linee, riempimento di aree e volumi e, spesso, mediante la trasformazione della geometria del dato in presentazione visiva. Per eseguire questa operazione è possibile utilizzare l'Extensible Stylesheet Language Transformation (XSLT), il quale fa uso dell'Extensible Stylesheet Language (XSL) per la trasformazione di un documento XML (ad es. GML) in un altro documento XML (ad es. SVG) secondo regole di trasformazione definite specificatamente. Generalmente tale processo (graphical rendering) trasforma i dati GML in un formato grafico XML.

Nel panorama Open Source esistono vari applicativi in grado di effettuare il rendering: OpenJump, un gis viewer in grado di salvare direttamente i dati con estensione .gml e di aprire direttamente un file .gml senza modificarne la struttura, GRASS, che dalla versione 6.0 permette di salvare il progetto con estensione .gml tramite l'ausilio delle librerie OGR che gestiscono i file vettoriali, e infine il binomio PostgreSQL+PostGIS che, avendo il supporto completo del Simple Features Specifications for SQ definito dall'OGC, permette di vedere i dati vettoriali informatizzati con PostgreSQL direttamente da PostGIS, dando inoltre la possibilità di esportare in formato SVG e GML.

Infine i file GML vengono interpretati nativamente da server cartografici Open Source, ambienti di sviluppo in grado di caricare, gestire e visualizzare sul web un sistema cartografico, quali MapServer con il quale il sistema cartografico viene compilato ad hoc dall'utente con le librerie GDAL e OGR necessarie alla visualizzazione, rispettivamente, dei dati raster e dei dati vettoriali e, quindi, dei file GML.

2. Gestione di dati GML con MAD

MAD è una applicazione web in grado di gestire documenti XML in modo nativo utilizzando XPath/XQuery per la ricerca di specifiche informazioni e XSLT per la presentazione dei risultati.

MAD è in grado di sostituire un tradizionale RDBM, di gestire i dati GML e di effettuarvi query direttamente all'interno del suo database XML-nativo. I frammenti di GML possono essere generati all'istante secondo le richieste dell'utente grazie alle funzioni XQuery per l'implemento delle query geografiche. L'XQuery processor può anche essere facilmente esteso tramite librerie esterne senza che questo implichi di dover modificare o ricompilare il suo codice sorgente; è in grado di gestire tanto dati geografici, query ed informazioni tratte dal GML, quanto dati non geografici e di presentare i risultati delle query direttamente sul web con programmi vòlti alla pubblicazione di dati geografici. In breve:

- l'utente crea la propria query semantica e geografica utilizzando l'interfaccia web di MAD e scegliendo la tipologia di presentazione in cui vuole che i risultati gli vengano restituiti;
- la query viene a questo punto elaborata negli archivi XML di MAD su documenti geografici e non geografici;
- il risultato della query viene trasformato e combinato per restituire i dati archeologici relativi alla richiesta e per costruire mappe archeologiche basate sul GML;
- le informazioni geografiche codificate in GML vengono, a questo punto, inviate ad un framework di presentazione per essere mostrate in un browser.

Per restituire i risultati delle query geografiche e creare le mappe e i layer richiesti abbiamo sperimentato l'utilizzo dell'ambiente MapServer, un framework Open Source per la costruzione di applicazioni geografiche orientate al web. MapServer è basato su altri popolari sistemi Open Source o freeware (Shapelib, FreeType, Proj.4, GDAL/OGR) e supporta diverse specifiche web dell'Open Geospatial Consortium (incluso GML), i più utilizzati linguaggi di script e ambienti di sviluppo (PHP, Python, Perl, Ruby, Java, e C#). MapServer è particolarmente versato nel rendering dei dati geografici (mappe, immagini, dati vettoriali) per il web.

Grazie alle funzioni XQuery, MAD è in grado di generare all'istante tutti i dati geografici necessari a MapServer secondo le richieste dell'utente (file MAP, templates, documenti GML, dati raster) eseguendo la query sui documenti GML esistenti ed estraendo le informazioni geografiche a partire dai dati registrati durante gli scavi archeologici (per es. coordinate e livelli di scavo). In quest'ultimo caso i nuovi documenti GML possono essere dinamicamente generati a partire da record archeologici non geografici ed assemblati dall'applicativo per essere mandati al framework map server per la visualizzazione geografica.

Possiamo ormai considerare totale l'integrazione, dal momento che è possibile ricavare i medesimi risultati partendo tanto da documenti geografici che da documenti non geografici.

La totale portabilità del sistema è garantita anche dalla capacità di MAD di trasformare i documenti GML, attraverso fogli di stile XSLT, direttamente in SVG o in KML (in modo da poter essere utilizzati in un ambiente GoogleMaps) ed evitando, in questo modo, di dover implementare un server geografico, attraverso l'utilizzo, al suo posto, delle trasformazioni XML operate da MAD.

Gli oggetti geografici possono essere raggruppati, formattati, trasformati ed assemblati in oggetti già strutturati che, dunque, non necessitano di essere interpretati da nessun ulteriore applicativo. La lista delle funzioni include trasformazioni, clipping path, maschere alpha, filtri, template e estensibilità. La rappresentazione di SVG può essere dinamica ed interattiva per il fatto che il Document Object Model (DOM) di SVG consente la realizzazione diretta di funzioni grafiche interattive attraverso l'utilizzo di eventi Javascript come onmouseover e onclick che possono essere assegnati agli oggetti grafici SVG direttamente da MAD.

3 Conclusioni

L'integrazione dei dati geografici e non geografici contenuti in un solo applicativo e gestiti mediante la medesima interfaccia e la compatibilità web nativa garantita da MAD rendono i dati archeologici pronti per essere interrogati, aggiornati e scambiati sul web, promuovendo lo sviluppo semantico dei servizi web geospaziali.

Lo sviluppo di MAD per la gestione dei dati geografici e non geografici costituisce, in effetti, il primo passo verso la totale e completa implementazione del web semantico geospaziale, un futuro dove il World Wide Web sarà interpretabile dalla macchina e completamente integrata, permettendo la restituzione alle query semantiche di risorse geografiche e non geografiche.

Il Semantic Web sarà in grado di offrire qualcosa che non è mai stato disponibile su vasta scala: l'interoperabilità in grado di legare non solo dati geografici strutturati, come quelli presenti nei database geografici che si trovano al momento on-line, ma anche dati geografici e non geografici non strutturati distribuiti attraverso molteplici archivi web originariamente concepiti dai loro autori per scopi diversi da quelli geospaziali.

Notes

* CISA, Università di Napoli "L'Orientale".
‡ PIN, Università di Firenze.
[1] Il documento di specifica GML 3.0 [GML30] è disponibile sul sito dell'OGC all'indirizzo https://portal.opengeospatial.org/files/?artifact_id=7174.

Riferimenti bibliografici

AA.VV. (2004). *Specifiche per la realizzazione di Database topografici di interesse generale, Intesa Stato Regioni Enti-Locali.* http://www.intesagis.it/specifiche_tecniche.asp.

Abiteboul, S., P. Buneman e D. Suciu (1999). *Data on the Web: From Relations to Semi-structured Data and XML*. San Francisco: Morgan Kaufmann Publishers.

Berners-Lee, T. (1998). *Semantic Web Roadmap, an attempt to give a high-level plan of the architecture of the Semantic WWW*. URL: http://www.w3.org/DesignIssues/Semantic.html.

Chaundri, A. B., A. Rashid e R. Zicari (2003). *XML Data Management - Native XML and XML-Enabled Database Systems*. Addison-Wesley.

The CIDOC Conceptual Reference Model. URL: http://cidoc.ics.forth.gr/.

D'Andrea, A., A. Felicetti, S. Hermon et al. (2006). «I linguaggi del W3C e gli strumenti Open Source per la gestione dei dati archeologici». In: *Atti del I Workshop su Open Source, Free Software e Open Format nei processi di ricerca archeologici*. A cura di Roberto Bagnara e Giancarlo Macchi Jánica. Grosseto.

D'Andrea, A., A. Felicetti, M. Lorenzini et al. (2007). «Spatial and non-spatial archaeological data integration using MAD, Layers of perception» In: *Proceedings of CAA 2007*. Berlin.

The EPOCH European Network of Excellence in Open Cultural Heritage. URL: http://www.epoch.eu.

Extensible Markup Language (XML). URL: http://www.w3.org/XML/.

Felicetti, A. (2006). «MAD: Managing Archaeological Data». In: *7th International Symposium on Virtual Reality, Archaeology and Cultural Heritage*. Nicosia, Cyprus.

Geospatial Free and Open Source Software. URL: http://www.gfoss.it/.

Hermon, S. e F. Niccolucci (2000). «The Impact of Web-shared Knowledge on Archaeological Scientific Research». In: *Proc. of Intl CRIS 2000 Conf*. Helsinki, Finland.

KML - Guida dell'utente di Google Earth. URL: http://earth.google.it/userguide/v4/ug%5C_kml.html.

MapServer. URL: http://mapserver.gis.umn.edu/index.html.

Open Geospatial Consortium. *Geography Markup Language (GML) Implementation Specification*. URL: https://portal.opengeospatial.org/files/?artifact%5C_id=7174.

Salminen, A. e F. W. Tompa, cur. (2001). *Requirements for XML Document Database Systems. Vol. Proceedings of the 2001 ACM Symposium on Document engineering*.

XML Path Language (XPath) Version 1.0. W3C Recommendation 16 November 1999. URL: http://www.w3.org/TR/xpath.

XQuery 1.0: An XML Query Language W3C Candidate Recommendation 8 June 2006. URL: http://www.w3.org/TR/xquery/.

XSL Transformations (XSLT) Version 1.0. W3C Recommendation 16 November 1999. URL: http://www.w3.org/TR/xslt.

Zlatanova, S. e D. Prosperi (2005). *Large-scale 3D Data Integration: Challanges and Opportunities*. USA: CRC Press Inc.

CAPITOLO 8

La scheda UG (Scheda di Unità Geoarcheologica). Proposta di un nuovo strumento per la descrizione standardizzata del deposito archeologico

Denis Francisci*, Mattia Segata*

SOMMARIO. Un grave problema delle schede di registrazione dei dati archeologici, in particolare della "scheda US", è rappresentato dall'assenza di una struttura comune e di una sintassi ed un dizionario standardizzati. Ciò impedisce la comunicabilità e l'interscambio di dati tra archeologi. La nuova "scheda UG", basata su criteri geoarcheologici, intende modificare la "scheda US" ed offrire uno strumento per una registrazione completa, oggettiva e standardizzata dei dati di scavo.

ABSTRACT. *A serious problem of the recording sheets of the archaeological data, in particular of Italian "scheda US", is the lack of a common structure and of standard syntax and dictionary. That prevents the communication and the transfer of data between archaeologists. New "scheda UG", based on geoarchaeological attributes, wants to replace Italian "scheda US" and to provide a tool for a complete, objective and standardized data recording of archaeological excavation.*

1. Premessa

Scopo principale del presente contributo è quello di invitare la comunità ad una rinnovata riflessione teorica sulla natura dei dati archeologici, sui metodi di registrazione e di comunicazione degli stessi e sulla necessità di strumenti per la loro codifica, attraverso l'esposizione di alcuni aspetti e dei principali obiettivi della nuova e sperimentale *scheda UG, scheda di Unità Geoarcheologica.*

2. Il presupposto

Perché ci sia una vera possibilità di comunicazione, condivisione e libera circolazione dei dati archeologici occorrono, a nostro avviso, due condizioni o strumenti: uno *strumento legislativo* ed uno *strumento semantico*. In primo luogo servono nuove normative che sostituiscano quelle attuali e che consentano una più libera gestione e circolazione dei dati, sia quelli editi che quelli inediti. Ben note sono infatti le difficoltà di accesso ai dati archeologici originali, ai materiali inediti, alle informazioni su scavi non pubblicati o solo parzialmente noti. Inoltre anche quando lo scavo è edito, la maggior parte delle pubblicazioni danno accesso soltanto ai risultati finali della ricerca ma non ai dati originali, cosicché è impossibile ricostruire il processo scientifico che ha condotto a determinate conclusioni e proporre eventuali nuove ipotesi. Tutto ciò costituisce un limite evidente – e allo stesso tempo inconcepibile – per il progresso della ricerca.

In secondo luogo serve uno strumento semantico: è necessario cioè creare un linguaggio comune, condiviso e codificato nei tre momenti fondamentali del processo di ricerca archeologica, la raccolta, l'elaborazione e la diffusione dei dati. In altri termini, per condividere le informazioni occorre utilizzare un sistema di schedatura e catalogo comune e standardizzato o che per lo meno sia basato su criteri e su parametri simili, pur sviluppati in forme diverse; di seguito è necessario elaborare i dati in formati standard, con metodologie applicabili anche da altri studiosi e tali da rendere gli stessi dati trasferibili su sistemi di elaborazione differenti; infine il dato elaborato, il risultato finale deve essere comunicato in un linguaggio universalmente comprensibile e secondo una struttura che permetta di valutare e comprendere l'intero processo euristico che lo ha prodotto.

Per quanto riguarda lo strumento legislativo bisogna attendere un intervento dagli organi competenti: l'archeologo può impegnarsi solo indirettamente sollecitando in maniera decisa una riforma nel campo delle norme che regolano i diritti di pubblicazione. L'impegno può invece essere molto più diretto ed efficace nell'ambito dello strumento semantico: dal basso, da chi opera sul campo può e deve partire il lavoro per arrivare ad un vocabolario e ad una sintassi completa, condivisa, uniforme e rispettata, come accade nelle altre discipline.

In questo senso la scheda UG che qui presentiamo vuole essere un contributo alla formalizzazione di metodi e strumenti che consentano la creazione di un linguaggio comune nella prima fase della ricerca archeologica, ossia la raccolta dei dati "grezzi" sul campo.

3. La raccolta dati delle Unità Stratigrafiche

Dato per scontato l'ormai diffuso metodo stratigrafico di scavo (Barker 1977; Carandini 1981; Harris 1979), la ricerca sul campo oggi prevede, per la raccolta dei dati, un complesso di schede di registrazione – cartacee e digitali – che vanno a coprire diversi aspetti del record archeologico: dalla scheda di Saggio Stratigrafico alla scheda di Unità Stratigrafica, dalle tabelle dei materiali alle schede tafonomiche, e così via. Se si analizza con attenzione la tipologia e l'utilizzo di queste schede da uno scavo all'altro, o addirittura da un operatore all'altro, si nota immediatamente un'enorme varietà nei criteri di catalogazione, nei parametri utilizzati e talvolta anche nella struttura stessa dei campi, tanto che il sistema della schedatura del dato archeologico risulta una sorta di "Babele", un insieme di lingue tra loro incomprensibili, un mondo in cui ognuno decide, quasi a proprio piacimento, cosa scrivere e come scrivere, quali elementi registrare e in quale modo definirli. La diversità di forma e la varietà di parametri con cui i diversi campi vengono compilati rende tali strumenti spesso inadatti alla comunicazione e alla condivisione dei dati, tanto che talvolta solo chi ha compilato la scheda riesce a capire il significato di ciò che vi è scritto, purché non sia passato troppo tempo. Tanto più questo fenomeno è evidente nella schedatura informatica, dove le possibilità di variazione e personalizzazione si moltiplicano.

La stessa variabilità strutturale e semantica, oltre a rendere disagevole l'interscambio dei dati, risulta poco funzionale ad una descrizione obiettiva ed univoca dell'oggetto in questione. L'utilizzo di parametri o attributi differenti e non vincolati a norme stabilite va a discapito della necessaria coerenza qualitativa e quantitativa nella descrizione dei molteplici aspetti del dato archeologico. L'esempio più evidente in questo senso è la scheda di Unità Stratigrafica, la ben nota scheda US; e proprio dall'analisi critica della scheda ministeriale e dalla volontà di superamento dei suoi limiti nei termini suddetti di limitata uniformità semantica e di scarsa obiettività descrittiva nasce la "Scheda UG".

Due sono, a nostro parere, i problemi che determinano la situazione sopra descritta: da un lato la tendenza di ognuno a crearsi la propria scheda personalizzata, sia quando non sono previste delle norme di compilazione, sia quando queste sono previste e stabilite; dall'altro lato il fatto che quand'anche esistono le norme e sono rispettate, esse sono strutturate, almeno in parte, in maniera tale da non permettere una standardizzazione dei dati, una normalizzazione del linguaggio ed una reale oggettività nella descrizione dell'oggetto.

Per quanto riguarda il primo problema – ossia l'esistenza ed il rispetto delle norme – la scheda US gode già da parecchi anni di un codice, di un sistema di regole per la sua corretta redazione.

La scheda di Unità Stratigrafica è un prodotto dell'ICCD (Istituto Centrale per il Catalogo e la Documentazione), una struttura statale finalizzata alla catalogazione e alla documentazione del patrimonio artistico e culturale nazionale (http://www.iccd.beniculturali.it/Istituto/). L'ICCD nasce nel 1975 (D.P.R. n.

805, 3.12.1975), come erede dell'Ufficio Centrale per il Catalogo fondato nel 1969. E' interessante notare come già questo ente nel 1972 evidenziasse per le schede di catalogo la necessità di alcuni aggiustamenti tra cui: limitare la discrezionalità del compilatore per evitare disomogeneità e ambiguità; normalizzare il linguaggio; avere un approccio maggiormente analitico, ossia destrutturare la descrizione dell'oggetto in unità minime concedendo il minor spazio possibile alla discorsività e facilitando le ricerche incrociate da database (Corti 2003, p. 32). Praticamente ciò di cui discutiamo ancora oggi.

Nel corso degli anni '70, escono i primi lavori di catalogazione di beni archeologici relativi in particolare ai reperti mobili (schede di Reperto Archeologico, RA) ed ai complessi e monumenti archeologici (schede CA ed MA). A seguito di questa esperienza matura l'idea di una scheda "atta a raccogliere in forma riassuntiva, e al tempo stesso esauriente, i dati provenienti da scavo" (Parise Badoni e Ruggeri Giove 1984, p. 11). Nasceva così l'idea della scheda di Saggio Stratigrafico (SAS) e della scheda di Unità Stratigrafica (US). Le schede di catalogo archeologico dovevano costituire un complesso unico che registrasse i dati dal macro al micro: T (scheda territorio poi scheda sito, SI) > CA > MA > SAS > US > RA + N (numismatica, poi NU). Per realizzare la SAS e la US, nel 1978 venne creata un'apposita commissione che in più riunioni giunse ad una proposta di scheda: nei due anni successivi i prototipi della SAS e della US vennero testati sul terreno e parzialmente modificati. Nel 1980, la scheda fino ad allora chiamata "scheda dello Strato + Elemento" cambia nome e diventa "scheda US"; nel 1984 tutto questo lavoro trova sanzione formale nella pubblicazione del fondamentale volume *Norme per la redazione della scheda del saggio stratigrafico*, a cura di Franca Parise Badoni e Maria Ruggeri Giove, ancora oggi testo base per la compilazione della scheda di Unità Stratigrafica (Parise Badoni e Ruggeri Giove 1984, p. 11).

A quell'epoca la struttura della scheda e le norme per la sua compilazione erano stabilite in previsione della redazione di schede cartacee; ben presto si rese necessaria una nuova progettazione per l'inserimento dei dati in un database informatico. Infatti, fin dagli anni '70, e poi ancora nella prima metà degli anni '80, erano in atto diverse sperimentazioni per la catalogazione informatizzata dei beni culturali (Corti 2003, p. 68; Papaldo e Zuretti Angle 1986; Aloia, Gualandi e Ricci 1986). Al 1985 si data la prima edizione del volume *Strutturazione dei dati delle schede di catalogo. Beni mobili archeologici e storico-artistici* (Papaldo, Ruggeri et al. 1988). Benché limitata ai beni archeologici mobili, questa pubblicazione rappresenta il primo passo per una costruzione delle schede di catalogo finalizzata alla registrazione dei dati su database informatico. Ma l'esigenza di una strutturazione simile anche per i beni archeologici immobili, e quindi per le schede SAS, US, USM, etc., non tardò a farsi sentire e finalmente nel 1988 si ebbe la pubblicazione del volume *Strutturazione dei dati delle schede di catalogo. Beni archeologici immobili e territoriali*, a cura di Franca Parise Badoni e Maria Ruggeri (Parise Badoni e Ruggeri 1988).

Nei successivi sviluppi dell'ICCD e dei sistemi di catalogo (Corti 2003, p. 73) non vi sono grosse novità relativamente alla scheda US. Dal 2002 è disponibile il sistema SIGEC (Sistema Informativo Generale del Catalogo) che gestisce a livello informatico tutte le schede di catalogazione correlando informazioni testuali, iconografiche e territoriali; la struttura dei dati segue una precisa normativa, arrivata oggi alla versione 3.01 (Giffi 2001; Places e Leon 2003). Relativamente alle schede archeologiche, a cominciare dal 2003 sono state riorganizzate secondo i parametri e gli standard del SIGEC le schede SI, MA-CA, SAS, RA, NU, TMA (tabelle materiali); sono stati introdotti gli "Authority files" DSC (scavo) e RCG (ricognizione), ma attualmente non sono ancora disponibili né le schede US, né le USM e le USR (Mancinelli 2004, pp. 35-36, 2003). Di conseguenza le norme di riferimento per la compilazione cartacea e digitale della scheda US rimangono ancora quelle esposte nei lavori sopra menzionati del 1984 e del 1988 (Parise Badoni e Ruggeri Giove 1984; Parise Badoni e Ruggeri 1988).

Questa sintetica – e sicuramente lacunosa – storia della scheda US dimostra che delle norme di redazione più o meno recenti esistono. Il problema, come accennato sopra, è che in molti casi queste normative non sono pienamente rispettate ed ognuno tende alla personalizzazione della scheda, dei parametri di compilazione e del vocabolario utilizzato, rendendo così difficile la condivisione e lo scambio dei dati.

Accanto a ciò esiste però il secondo problema sopra menzionato, ossia il fatto che in alcuni casi le stesse norme non hanno una struttura tale da consentire una standardizzazione dei dati ed un'oggettività descrittiva. Nonostante fin dagli anni '70 lo sforzo dell' ICCD sia stato quello di arrivare da un lato al massimo di frammentazione dell'informazione al fine di una maggior uniformità descrittiva e dall'altro alla costruzione di vocabolari controllati per rendere il più possibile omogenee le schede, in molti campi della US ciò non si attua (Papaldo, Ruggeri et al. 1988, p. 1). In particolare le sezioni destinate alla descrizione del deposito (Componenti, Descrizione, etc.) sono strutturate come campi aperti a testo libero, in cui le caratteristiche intrinseche dell'unità vengono esposte in maniera discorsiva, secondo una forma sintetica e non analitica. Ciò vale in particolar modo per le schede cartacee, ma lo stesso accade anche per le struttura dei dati destinati alla catalogazione informatica (Parise Badoni e Ruggeri 1988, p. 87).

Tale situazione porta come ovvia conseguenza una scarsa omogeneità nel tipo di descrizione delle unità stratigrafiche e nel grado di approfondimento della descrizione stessa: ognuno è portato a descrivere in maniera libera e personale ciò che vede, registrando o evidenziando chi una caratteristica chi un'altra; la descrizione tende ad essere soggettiva più che oggettiva e viene a dipendere principalmente dall'esperienza, dalle conoscenze e dalle abitudini dell'operatore. Un esperimento realizzato sul campo ha evidenziato in maniera lampante tale problema. Quattro persone di diversa età e con differenti esperienze di scavo (uno studente universitario, uno specializzando in archeologia, un operatore di una ditta archeologica, un operatore con conoscenze in campo geoarcheologico) sono stati sottoposti alla compilazione della scheda US ministeriale della stessa unità stratigrafica: il risultato è esposto in figura 1.

DEFINIZIONE E POSIZIONE: strato a matrice sabbiosa. CRITERI DI DISTINZIONE: colore, composizione, consistenza. MODO DI FORMAZIONE: naturale. COMPONENTI: sabbia e frammenti lapidei; apparati radicali. CONSISTENZA: compatta. COLORE: rosso / bruno. STATO DI CONSERVAZIONE: buono. DESCRIZIONE: strato a matrice sabbiosa, posto in sezione ovest. Da notare la presenza di frammenti lapidei di varia pezzatura (cm).	DEFINIZIONE E POSIZIONE: strato visibile in sezione (E). CRITERI DI DISTINZIONE: colore, composizione, consistenza. MODO DI FORMAZIONE: colluvio. COMPONENTI: pietre, ghiaia, sassi, laterizi. CONSISTENZA: friabile. COLORE: 7.5 YR ¾ dark brown. STATO DI CONSERVAZIONE: buono. DESCRIZIONE: strato visibile in sezione (E) bordo scavo. Lieve inclinazione N/S. Spessore medio 35 cm. Colore marrone scuro. Consistenza limo-sabbiosa. Si estende per tutta la larghezza della sezione. Inclusi: rari frammenti centimetrici di laterizio leggermente smussato; pietre centimetriche a spigolo leggermente smussato distribuite prevalentemente sul fondo dello strato. Ghiaia distribuita omogeneamente di dimensioni centimetriche/ millimetriche, spigoli vivi. Rari sassi cm distribuiti omogeneamente.
DEFINIZIONE E POSIZIONE: / CRITERI DI DISTINZIONE: colore, granulometria, aggregazione, fabric. MODO DI FORMAZIONE: naturale (deposito di versante). COMPONENTI: conglomerato, quarzite, carbonatiche, plutoniche, carboni, apparati radicali, laterizi, ceramica. CONSISTENZA: plastica, dura. COLORE: 7.5 YR 5.4/4. STATO DI CONSERVAZIONE: ottimo. DESCRIZIONE: unità costituita da soil sedimento a granulometria argillo – limoso – sabbiosa, supporto di matrice, pelitico con strutture sedimentarie laminate a gradazione diretta, frazione grossolana scarsa a distribuzione lineare, orientazione random.	DEFINIZIONE E POSIZIONE: strato con andamento suborizzontale con flessione da est a ovest. Strato areale. CRITERI DI DISTINZIONE: / MODO DI FORMAZIONE: / COMPONENTI: limo, sabbia, argilla, apparati radicali e carboniosi, ghiaia, qualche ciottolo. CONSISTENZA: compatta. COLORE: bruno. STATO DI CONSERVAZIONE: / DESCRIZIONE: matrice sabbio-limosa a componente argillosa. Dispersione di ghiaia fine e alcuni ciottoli decimetrici. Frustoli carboniosi e apparati radicali. Terreno usato come agrario. Segue la pendenza da nord verso sud. Tolto da mezzo meccanico.

Figura 1: L'esperimento: compilazione della stessa scheda US da parte di 4 persone differenti.

Le quattro schede, se non sembrano pertinenti a quattro unità differenti, forniscono comunque una quantità ed una qualità di informazioni alquanto diverse l'una dall'altra. Ciò fa capire come l'utilizzo di campi liberi nella sezione descrittiva metta a rischio la completezza e l'oggettività della descrizione del record archeologico e come questo possa determinare, a sua volta, una inco-municabilità di fondo del dato: infatti l'autore della quarta scheda potrebbe non comprendere o comprendere in maniera incompleta o errata che cos'era lo strato descritto dal primo autore e viceversa. E così si torna al problema ini-ziale: la necessità di arrivare ad un linguaggio codificato, condiviso ed obiettivo durante la fase di raccolta dei dati e alla costruzione di uno strumento di regi-strazione che consenta il raggiungimento di tale scopo.

4. La nostra proposta

Quello che proponiamo in questa sede – e sottolineiamo che è soltanto una proposta preliminare da discutere ed elaborare – è l'evoluzione della scheda US verso un nuovo strumento, la scheda UG. Come sarà specificato in seguito, l'idea di Unità Geoarcheologica è un concetto proposto già da qualche anno da D. E. Angelucci (Cavulli, D.E. Angelucci e Pedrotti 2002, p. 91): nel nostro lavoro tale concetto è stato pienamente accolto e rappresenta la base teorica della nuova scheda.

La scheda UG nasce sostanzialmente come una scheda da campo che mira a modificare ed evolvere la scheda US ministeriale superando quei limiti di uniformità, oggettività e completezza di cui sopra. Essa si basa di fatto sulla scheda US dell' ICCD e mantiene inalterati gran parte dei campi. I cambiamenti sono sostanzialmente tre:

(1) tutti i campi "interpretativi" (*Modo di formazione, Osservazioni, Interpretazione*), sono stati ridotti spazialmente e limitati a *Osservazioni* e *Interpretazione preliminare*.

(2) I campi legati alle fasi di post-scavo (*Elementi datanti, Datazione, Periodo o fase, Dati quantitativi dei reperti*) sono stati eliminati dalla scheda UG e trasferiti in altre specifiche tabelle. Infatti, essendo la scheda UG essenzialmente uno strumento di scavo, tutte quelle informazioni che normalmente vengono elaborate alla conclusione del lavoro sul campo (inferenze stratigrafiche successive allo scavo, risultati delle analisi chimico-fisiche e micromorfologiche, dati derivanti dallo studio dei materiali, etc.) saranno raccolte in apposite schede direttamente collegate alla scheda UG: come quest'ultima costituisce lo strumento per la raccolta dei dati grezzi, così le altre schede saranno il supporto per la successiva elaborazione e lettura dei dati stessi.

(3) La parte descrittiva dell'unità – per intendersi dal campo *Definizione e posizione* al campo *Descrizione* della scheda ministeriale – è stata totalmente ristrutturata con l'inserimento di una serie di campi mutuati dalla geoarcheologia e dotati di vocabolari chiusi che permettono una registrazione del deposito completa, approfondita, ma soprattutto standardizzata. L'unità è vista e descritta come un insieme di attributi sedimentologici e pedologici; in quanto parte del deposito anche i manufatti presenti nell'unità (ceramica, metallo, etc.) possono essere catalogati come parti del deposito sedimentologico e pedologico, ovviamente mediante l'utilizzo di parametri descrittivi calibrati in maniera diversa rispetto alle componenti naturali.

La scelta dei criteri e del vocabolario da utilizzare è stata operata mediante la consultazione di importanti opere di argomento geoarcheologico, sedimentologico e pedologico (Sanesi 1977; Ricci Lucchi 1980; Cremaschi e Rodolfi 1991; Cremaschi 2003, con bibliografia precedente), oltre che del recente lavoro della dott.ssa D. Anesin (Anesin 2005). Proprio dallo studio e dall'elaborazione critica dei metodi e dei concetti espressi da questi autori è nata la proposta qui descritta.

La nuova scheda non vuole essere l'ennesima personalizzazione della scheda ministeriale, ma uno strumento che possa in un primo periodo affiancare la stessa scheda US e successivamente, dopo una necessaria fase di sperimentazione e di discussione all'interno della comunità scientifica, giungere a costituire un possibile nuovo modello di approccio alla stratificazione archeologica. Visto che in questo ambito le normative del SIGEC sono ancora in fase di elaborazione, la scheda UG può rappresentare un'occasione per proporre all'Istituto un esempio di struttura dati da applicare alla scheda US, uno strumento efficiente e allo stesso tempo garante di completezza e di coerenza nella registrazione del dato. La scheda UG non vuole costituire una rottura con il passato ma un'evoluzione, tant'è che essa può ben inserirsi all'interno dello schema a cascata in cui l'ICCD raccoglie le schede archeologiche: SI > CA+MA > SAS > UG > RA + NU + TMA.

5. I vantaggi dei criteri geoarcheologici

L'utilizzo di criteri sedimentologici e pedologici per la descrizione del deposito archeologico non è certo cosa nuova (vedi bibliografia citata sopra). La scelta di strutturare la parte descrittiva della scheda UG con criteri mutuati dalle Scienze della terra deriva in primo luogo dal fatto che un deposito archeologico non è costituito soltanto da componenti antropico-culturali (manufatti) prodotte da un particolare contesto socio-economico in un preciso momento storico, ma anche dalla matrice che li contiene e dai processi che hanno originato e modificato sia la matrice che gli elementi antropici. In altre parole, per studiare la "terra" e ciò che essa contiene è necessario applicare i concetti delle discipline che di "terra" si occupano.

I criteri ed i parametri sviluppati dalla sedimentologia e dalla pedologia permettono di analizzare il deposito in maniera approfondita e articolata, di qualificarne le componenti e di analizzarne gli aspetti di formazione e di trasformazione integrandoli con i tradizionali elementi della cultura materiale. Ma gli stessi criteri presentano anche numerosi vantaggi in prospettiva del raggiungimento di un linguaggio standardizzato ed oggettivo. In primis essi consentono il massimo di disaggregazione del dato, di destrutturazione dell'informazione mediante l'analisi dei singoli componenti del deposito: ogni elemento ed ogni qualità costituente lo strato è registrata e qualificata con valori singolari ed univoci. I campi della scheda UG corrispondono a criteri pedo-sedimentologici: per ogni criterio sono forniti parametri univoci ed obbligatori, elencati e descritti in una breve "grammatica" che accompagna la scheda, mediante i quali i compilatori sono costretti a descrivere l'unità con una terminologia costante, omogenea e coercitiva; tutte le annotazioni soggettive o discorsive sono limitate a sole tre sezioni. Tutto ciò permette di evitare l'utilizzo di campi a testo libero e consente di passare da un testo "non strutturato" ad un testo "strutturato".

In secondo luogo la geoarcheologia, o più in generale le Scienze della terra, hanno da tempo elaborato una sintassi descrittiva ed un vocabolario standardizzati (o per lo meno con una variabilità contenuta) e riconosciuti – o riconoscibili – in ambito internazionale. L'utilizzo di questi parametri consente una comunicazione ad ampio raggio dei dati, registrati in un linguaggio universalmente compreso.

Se ci è consentita la metafora informatica, questa strutturazione delle informazioni permette di fornire una sorta di "codice sorgente" del deposito: mediante i suddetti parametri, infatti, i dati vengono raccolti allo stato puro, libero da sovra-interpretazioni (per quanto qualsiasi attività umana non è priva di soggettività); la scheda registra soltanto le caratteristiche oggettive, originali e diagnostiche del deposito. Attraverso la conoscenza dei dati di origine ognuno può giudicare le ipotesi che da essi derivano o elaborare le proprie: l'accesso alle fonti originali è un concetto fondamentale per la libertà e lo sviluppo della scienza.

Inoltre proprio questi caratteri di originarietà, destrutturazione e completezza del dato permettono una ricostruzione del deposito dopo la distruzione operata attraverso lo scavo: l'analisi puntuale delle caratteristiche pedo-sedimentologiche fornisce una sorta di DNA dello strato sulla cui base è possibile ricostruirne tipologia e caratteristiche. Una descrizione approfondita ed obiettiva, unita ad una documentazione digitale quanto più completa possibile (Bezzi et al. 2006, p. 1) consente di ricostruire ciò che più non esiste, permette di riprodurre, almeno parzialmente, un esperimento che di per sé non è riproducibile, lo scavo, ed avvicina per quanto possibile l'archeologia a quel principio di ripetibilità dell'esperimento che è il fondamento delle scienze esatte (pur nella consapevolezza che la completa ripetibilità dell'esperimento in archeologia non ci sarà mai).

Infine questa sintassi – come tutte quelle che permettono il massimo di disaggregazione delle informazioni – garantisce una più efficiente gestione del database informatico e del GIS ad esso collegato (fig. 2).

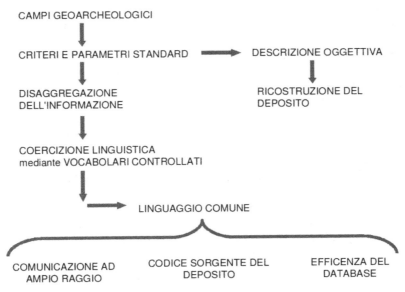

Figura 2: Schematizzazione dei vantaggi apportati dai criteri geoarcheologici.

Per la verità anche le normative ICCD esposte nel volume del 1984 prevedono per la sezione descrittiva l'utilizzo di criteri e terminologie proprie della sedimentologia (Parise Badoni e Ruggeri Giove 1984, pp. 19-21). Nella scheda US, però, queste informazioni sono previste all'interno di un testo unico e discorsivo coi limiti più volte accennati di incompletezza e incoerenza. Nella scheda UG i concetti sedimentologici già previsti dalle normative della scheda US sono stati semplicemente ristrutturati in maniera analitica e sono stati integrati con altre informazioni di tipo pedologico. Ancora una volta dunque la scheda non rappresenta una scissione con la tradizione, ma un'evoluzione diretta all'efficienza.

6. La fase sperimentale e le prospettive future

La scheda UG (versione 1.1) è attualmente in fase di sperimentazione all'interno di un più ampio progetto di scavo di epoca romana gestito dall'Università di Padova (Dott.ssa M. S. Busana) presso la cittadina di Montebelluna (TV) (Busana e Larese 2008). Fino ad ora la sperimentazione ha fornito interessanti risultati: in primis ha permesso di correggere e calibrare in maniera sempre più affinata l'efficienza dei campi e dei parametri descrittivi; in secondo luogo ha consentito di monitorare i tempi di compilazione, più lunghi rispetto a quelli necessari per la scheda US, ma compensati dalla realizzazione di un prodotto molto più raffinato, preciso ed utile; infine ha dato modo di valutare il grado di conoscenza degli operatori in materia di sedimentologia e pedologia, dimostrando come sia ormai irrinunciabile una formazione di base in questi campi, in particolare nella prospettiva di un'archeologia moderna che sempre più ha a che fare con concetti e metodi propri delle scienze della terra e delle discipline scientifiche in generale.

Sul campo viene utilizzata una scheda cartacea simile a quella in figg. 3–4: i dati vengono successivamente trascritti su supporto informatico. A questo scopo ed in via ancora provvisoria è stato predisposto un database gestito dal software PostgreSQL e strutturato in due tabelle con relazione 1:n; il front end è stato realizzato in OpenOffice BASE per l'inserimento dati (fig. 5) e in Rekall per il report di stampa. L'idea per il futuro è quella di utilizzare un unico front end scritto in PHP.

La scelta di Rekall è stata dettata, oltre che dalla facilità di creare form e report di stampa, dalla presenza dell'implementazione RekallWeb, uno strumento che permette il trasferimento su browser web dei form e dei report sviluppati in Rekall. Attualmente la versione è la 0.1 ancora limitata e sperimentale. Se lo sviluppo continuerà, questo software potrebbe rivelarsi molto utile in ambito archeologico, giacché la facilità d'uso potrà permettere anche ad archeologi poco avvezzi all'informatica una facile costruzione di front-end da utilizzare e trasferire su piattaforma web (http://www.thekompany.com/products/rekall/).

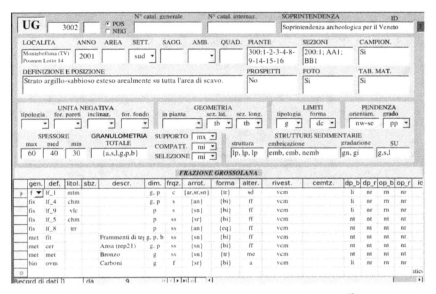

Figura 3: Front end per l'inserimento dati realizzato in OpenOffice.org Base.

I prossimi passi saranno rivolti ad un miglioramento della scheda stessa attraverso un ulteriore approfondimento bibliografico e mediante il confronto con altre esperienze di scavo e schedatura, con altri archeologi e geoarcheologi. Come detto la scheda è ancora in fase sperimentale e più numerosi saranno i consigli e le critiche più efficiente e condivisa sarà la scheda.

È necessario inoltre aprirsi ad altri orizzonti e confrontarsi in particolare con quanto accade nel panorama europeo ed internazionale. In questo contributo non si è considerato, ad esempio, tutto ciò che si muove oltre i confini italiani nell'ambito della catalogazione dei beni culturali in generale ed archeologici in particolare. Va però almeno segnalata l'attività del CIDOC-CRM ed il progetto EPOCH (CIDOC CRM; EPOCH Network).

Necessario ed auspicabile sarà poi un confronto con l'ICCD per il quale, crediamo, la scheda UG potrà fornire idee e concetti applicabili alle nuove normative del SIGEC per la scheda US, attualmente in via di definizione. Ovviamente non si pretende che questa scheda sia accettata in toto, ma almeno alcuni parametri ed alcune strutture dei dati potrebbero ben adattarsi alla normativa 3.01.

Oltre alla scheda di unità stratigrafica c'è poi da impostare il lavoro per le schede USM e USR, che a nostro avviso dovranno giocoforza seguire le linee guida espresse in questo contributo, ossia tendere all'uniformità, alla completezza, all'obiettività e di conseguenza alla comunicabilità del dato attraverso un'opportuna scelta e strutturazione di criteri e parametri.

Se, infine, il concetto di UG di Angelucci avrà diffusione – speriamo anche grazie a questo lavoro – bisognerà concepire anche una diversa idea di dia-

UG

N. CATALOGO GENERALE	N. CATALOGO INTERNAZIONALE	MINISTERO PER I BENI CULTURALI E AMBIENTALI ISTITUTO CENTRALE PER IL CATALOGO E LA DOCUMENTAZIONE
		SOPRINTENDENZA

LOCALITA'		ANNO	AREA	SETTORE	SAGGIO	AMBIENTE	QUADRATO	UG	UG_PART
								POS	NEG
DEFINIZIONE E POSIZIONE				PIANTE		SEZIONI		CAMPION.	
				PROSPETTI		FOTO		TAB. MAT.	

UNITA' NEGATIVA				GEOMETRIA			LIMITI		PENDENZA	
Tipologia	Forma pareti	Inclinazione	Forma fondo	In pianta	In sezione Lat. Long.		Tipologia	Forma	Orientam.	Grado

SPESSORE	GRANULOMETRIA TOTALE	SUPPORTO	COMPATT.	SELEZIONE	STRUTTURE SEDIMENTARIE			
MAX					Lamine	Strutt. di trazione	Gradazione	Su:
MED								
MIN								

FRAZIONE GROSSOLANA

	Definiz.	Litologia		Dimens.	Frequz.	Arrotond.	Forma	Alteraz.	Rivest.	Cementz.	Dp b.	Dp r.	Op. b.	Op. r.
FISIOGENI														
			Sbozzatura											
AUTOGENI														
			Descrizione											
METAGENI														
BIOGENI														

Dp di rif. rispetto a:	Op di rif. rispetto a:

Figura 4: Scheda UG (versione 1.1): fronte.

gramma stratigrafico che superi i limiti di quello di Harris e che comprenda nella ricostruzione storica anche quei processi pedogenetici e chimici che caratterizzano la genesi e l'evoluzione di un deposito archeologico (Leonardi e Balista 1992).

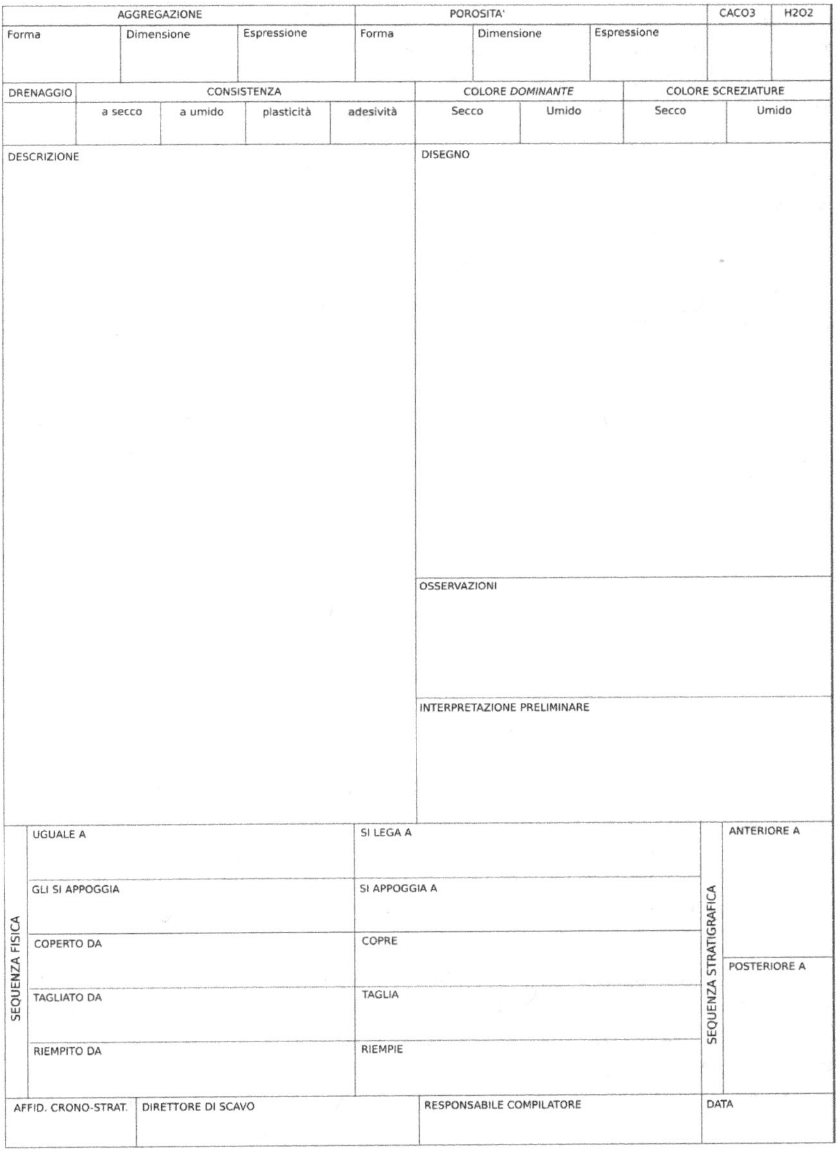

AGGREGAZIONE			POROSITA'			CACO3	H2O2
Forma	Dimensione	Espressione	Forma	Dimensione	Espressione		

DRENAGGIO	CONSISTENZA				COLORE DOMINANTE		COLORE SCREZIATURE	
	a secco	a umido	plasticità	adesività	Secco	Umido	Secco	Umido

DESCRIZIONE

DISEGNO

OSSERVAZIONI

INTERPRETAZIONE PRELIMINARE

SEQUENZA FISICA				
UGUALE A		SI LEGA A		ANTERIORE A
GLI SI APPOGGIA		SI APPOGGIA A		
COPERTO DA		COPRE		POSTERIORE A
TAGLIATO DA		TAGLIA		
RIEMPITO DA		RIEMPIE		SEQUENZA STRATIGRAFICA

AFFID. CRONO-STRAT.	DIRETTORE DI SCAVO	RESPONSABILE COMPILATORE	DATA

Figura 5: Scheda UG (versione 1.1): retro.

In conclusione, questa nuova scheda con campi descrittivi basati su criteri pedo-sedimentologici articolati in parametri fissi, riconosciuti ed espressi in un linguaggio normalizzato ha come risultato una descrizione del deposito non soltanto completa ed approfondita, ma anche e soprattutto standardizzata ed universalmente comunicabile. Solo in questo modo ognuno potrà leggere e capire le schede dell'altro, solo così si potrà avere una comunicazione dei dati sia a livello orizzontale, cioè tra archeologi di diverse località, che a livello verticale, cioè tra archeologi di oggi e archeologici di domani.

Se dunque la scheda UG può contribuire ad una normalizzazione del linguaggio, rimane comunque aperto l'altro problema, quello di convincere gli archeologi ad usare criteri e parametri comuni e a non assecondare la tendenza alla personalizzazione. Forse un ruolo di maggior controllo e coercizione dovrebbe essere esercitato dallo stesso ICCD: l'Istituto dovrebbe funzionare come una sorta di comitato per lo sviluppo del software, ossia un organismo che valuta e accoglie le proposte esterne, ma che poi impone l'utilizzo della forma stabilita: un ente aperto alle nuove idee e alle modifiche – le quali dovrebbero essere rapide e condivise – ma vincolante nell'imposizione degli standard. Non è tanto l'uso di una scheda o di un'altra che va imposto, quanto l'utilizzo di criteri e di un vocabolario comune e uniforme, seppur in continua evoluzione.

D. F.

7. La scheda UG: genesi e caratteristiche

Il presente lavoro prende spunto e si pone in continuità con il pensiero e l'impostazione metodologica elaborata da Diego E. Angelucci. In un recente lavoro sul sito preistorico di Lugo di Grezzana (VR) (D. Angelucci 2002; Cavulli, D.E. Angelucci e Pedrotti 2002) egli propone di basare la descrizione del deposito archeologico sullo strumento concettuale dell' "Unità Geoarcheologica" (UG). Sintetizzando quanto scrive lo studioso, tali unità sono di tipo operativo e sono definibili come corpi tridimensionali riconoscibili perché distinti da altri corpi adiacenti sulla base di qualsiasi tipologia di carattere e proprietà fisica propria visibile o decisa in modo arbitrario. Grazie a ciò l'unità geoarcheologica diviene uno strumento versatile e multiforme, consentendo di andare ad abbracciare la variabilità di casistiche proprie dei depositi archeologici; l'UG può quindi corrispondere a: strati "tradizionali" (US) o unità sedimentologiche appartenenti alla litostratigrafia; orizzonti o unità pedologiche (H) di suolo propri della pedostratigrafia; superfici di discontinuità di qualsiasi tipo (naturale o artificiale) propri dell'allostratigrafia; tagli artificiali definiti arbitrariamente da chi scava (all'interno ad esempio di uno strato omogeneo) (Cavulli, D.E. Angelucci e Pedrotti 2002, p. 91). Inoltre la nuova scheda qui presentata si pone anche come continuazione e sviluppo del recente lavoro di D. Anesin, la quale, riprendendo il suddetto concetto di UG, ha elaborato una metodologia descrittiva dei depositi archeologici offrendo alcune linee-guida per la descrizione basate su checklist di parametri sedimentologici e pedologici diagnostici e standardizzati (Anesin 2005).

Come detto, la scheda UG trae origine dalla parziale modifica e ristruttura-
zione della tradizionale scheda ministeriale, definendo un chiaro ed obbligato
percorso di compilazione di una serie di campi manifesti a cui fanno capo una
serie precisa di parametri sedimentologici e pedologici, ciascuno dei quali è
provvisto di un vocabolario di voci/classi, a carattere attributivo-descrittivo,
oggettivo e standardizzato.

In evoluzione rispetto ai precedenti lavori, la scheda UG nasce come una
scheda fisica vera e propria, studiata per poter essere compilata direttamente
sul campo e calibrata in modo tale da registrare il deposito nella sua totalità,
a partire da una visione in "open area", e quindi dall'alto, e non solo da una
visione in sezione e in fase di post-scavo. L'idea non è soltanto quella di offrire
delle linee-guida per la descrizione dell'unità geoarcheologica, ma è soprattutto
quella di creare uno strumento che oltre alla standardizzazione e alla completezza del dato garantisca una praticità d'uso sul campo e sia accessibile alla più
varia tipologia di utenti, dai geoarcheologi agli studenti di archeologia.

Questo ha condotto ad un continuo affinamento attraverso l'utilizzo concreto
sullo scavo, ad una semplificazione e riorganizzazione della struttura e dei parametri utilizzati, soprattutto in relazione al ben noto vincolo del tempo. Si è resa
quindi necessaria la realizzazione di un piccolo manuale di norme per la compilazione, corredato di disegni, tavole e foto che accompagnasse passo dopo
passo il compilatore sul campo cercando di renderlo il più possibile autonomo.

Passando al concreto, la scheda è costituita da cinque sezioni: una prima
parte coi tradizionali dati "anagrafici" dell'unità (*Località, Anno, Area, Piante,
Foto*, etc.); una seconda parte con gli aspetti morfologici e sedimentologici
dell'unità (frazione fine e grossolana); una terza parte focalizzata sull'analisi
della frazione grossolana; una quarta parte dedicata agli aspetti pedologici; una
quinta ed ultima sezione contenente i campi descrittivi (*Descrizione, Interpretazione preliminare, Osservazioni*) ed i rapporti stratigrafici tradizionali.

I vari campi della scheda sono definiti "criteri"; ogni criterio possiede diversi
parametri di classificazione: ad esempio il criterio "supporto" ha come parametri
"pelitico, pelitico-matrice, di matrice, clastico, partial open work, open work";
ogni attributo dell'unità è definito mediante un parametro unico e singolare.

In questa sede ci limitiamo a fornire solo alcune informazioni preliminari
sulla scheda, che è ancora in fase di sperimentazione: si prevede di pubblicare
entro il 2008 (su web o in formato cartaceo) la versione completa della scheda
e delle normative di compilazione.

I criteri diagnostici sedimentologici sono i seguenti:

- Geometria;
- Limiti;
- Pendenza;
- Spessore;
- Granulometria totale;

- Supporto;
- Compattazione;
- Selezione;
- Strutture sedimentarie;
- Definizione qualitativa della frazione grossolana (introduzione di una nuova classificazione delle componenti, sia naturali che antropiche, sulla base un principio di tipo chimico ovvero chimismo naturale inorganico puro (fisiogeno), chimismo naturale inorganico utilizzato dall'uomo senza variazione o con modifica meccanica (autogeno), chimismo non naturale ma creato dall'uomo, inorganico (metageno), chimismo naturale e non naturale organico (biogeno));
- Dimensione della frazione grossolana;
- Frequenza della frazione grossolana;
- Arrotondamento della frazione grossolana;
- Fabric della frazione grossolana (Distribution Pattern ed Orientation Pattern di base e di riferimento).

Per quanto invece riguarda i criteri pedologici diagnostici sono stati scelti i seguenti:

- Alterazione/Rivestimento/Cementazione della frazione grossolana;
- Aggregazione;
- Porosità;
- Tenore di carbonati e di sostanza organica;
- Drenaggio (proprietà idrologiche);
- Consistenza;
- Colore (dominante/massa di fondo e screziature).

E' stata inoltre prevista una sezione dedicata all'unità negativa fornita dei seguenti criteri diagnostici:

- Tipologia dell'unità negativa;
- Forma delle pareti;
- Inclinazione delle pareti;
- Forma del fondo.

Per quanto riguarda i criteri sedimentologici e pedologici non c'è nulla di nuovo se non per la distinzione tra fisiogeni, autogeni, metageni e biogeni; per il resto criteri e parametri si richiamano alla terminologia e alle nozioni ben note in ambito geoarcheologico e più propriamente nell'ambito delle discipline della sedimentologia e della pedologia (Bini 1990; Cremaschi 2003; Cremaschi e Rodolfi 1991; Ricci Lucchi 1980; Sanesi 1977, con rispettiva bibliografia)

Ciò che è importante sottolineare è che l'applicazione dei criteri diagnostici appena esposti permette, da un lato, la creazione di una descrizione oggettiva con un vocabolario terminologico comune, che quindi consente uno scambio efficiente dei dati e quindi un migliore e più soddisfacente sviluppo della ricerca (similmente a quanto accade ormai da anni per lo studio dei materiali); dall'altro – cosa ancora più importante – consente una corretta interpretazione processuale e formativa del deposito, tanto più se la descrizione della scheda è opportunamente integrata da successive analisi chimico-fisiche. Ciascun criterio diagnostico, con i suoi corrispettivi parametri, è il frutto di diversi e specifici processi formativi e dinamici e rappresenta per così dire "un'impronta digitale sulla scena del crimine" da ricostruire e interpretare. Ad esempio il criterio "arrotondamento" offre un'importante indicazione sulla durata temporale relativa del mezzo di trasporto: il parametro "angoloso" può indicare una durata breve del trasporto, mentre di contro il parametro "arrotondato" indica una lunga fase di trasporto. Il criterio "supporto" chiarisce invece la forza e soprattutto l'intensità del mezzo di trasporto: il parametro "pelitico" registra una bassa intensità, mentre il parametro "open work" un'intensità elevata della forza di trasporto. Il criterio "aggregazione" definisce in modo molto coinciso i processi di pedogenesi e di alterazione che sono incorsi: il parametro "granulare" può essere determinato dalla bioturbazione o dall'azione secco-umido, mentre il parametro "lamellare" può essere il risultato del calpestio.

Sia chiaro che da un unico attributo non è possibile risalire con certezza al processo che lo ha determinato. Soltanto "l'associazione coerente di vari caratteri", cioè la considerazione simultanea e l'intersezione nell'analisi di più criteri con i rispettivi parametri permette una ricostruzione dell'origine del deposito e dei successivi processi trasformativi (Anesin 2005, p. 111).

Quanto finora affermato apre ulteriori prospettive per il futuro. Grazie ad una siffatta strutturazione della scheda, e soprattutto grazie alla sua informatizzazione, sarà possibile ricavare per ogni peculiare contesto pedo-sedimentologico analizzato una serie di caratteristiche generali con la possibilità di ricostruire modelli di interpretazione e di predizione che permetteranno di codificare nella maniera più appropriata il paleoambiente a cui questi caratteri si riferiscono ed i processi trasformativi che esso ha subito.

M.S.

Notes

* Università degli Studi di Padova – Dipartimento di Archeologia.

Riferimenti bibliografici

Aloia, N., M. L. Gualandi e A. Ricci (1986). «Argo, uno strumento per la gestione dei dati nella ricerca archeologica sul campo». Siena.

Anesin, D. (2005). «La descrizione geoarcheologica di sedimenti e suoli: definizione di linee -guida alla luce dei casi di studio del Riparo Gaban (TN) e Lugo di Grezzana (VR)». Tesi di laurea. Università degli Studi di Trento.

Angelucci, D. (2002). «Il sito preistorico di Lugo di Grezzana (VR): prime osservazioni micromorfologiche». In: *Preistoria Alpina* 38, pp. 109-129.

Barker, P. (1977). *Techniques of Archaeological Excavation*. London.

Bezzi, A. et al. (2006). «L'utilizzo di voxel in campo archeologico». In: *Geomatic Workbooks* 6. URL: http://geomatica.como.polimi.it/workbooks/n6/list.php.

Bini, A. (1990). *Descrizione di affioramenti e sezioni stratigrafiche*. Dispense di Geologia del Quaternario 1. Milano.

Busana, M. S. e A. Larese (2008). «Indagini archeologiche su un edificio produttivo di età romana a Montebelluna, località Posmon». In: *Quaderni di Archeologia del Veneto* XXIV, pp. 26-32.

Carandini, A. (1981). *Storie dalla terra. Manuale dello scavo archeologico*. Roma-Bari: Einaudi.

Cavulli, F., D.E. Angelucci e A. Pedrotti (2002). «La successione stratigrafica di Lugo di Grezzana (Verona)». In: *Preistoria Alpina* 38, pp. 89-107.

The CIDOC Conceptual Reference Model. URL: http://cidoc.ics.forth.gr/.

Corti, L. (2003). *I beni culturali e la loro catalogazione*. Milano.

Cremaschi, M. (2003). *Manuale di geoarcheologia*. Roma-Bari: Laterza.

Cremaschi, M. e G. Rodolfi (1991). *Il suolo*. Roma.

The EPOCH European Network of Excellence in Open Cultural Heritage. URL: http://www.epoch.eu.

Giffi, E. (2001). «Il Sistema Informativo Generale del Catalogo». In: *Lo spazio il tempo le opere: il catalogo del patrimonio culturale*. A cura di A. Stanzani, O. Orsi e C. Giudici. Cinisello Balsamo, pp. 47-48.

Harris, E.C. (1979). *Principles of Archaeological Stratigraphy*. London.

Leonardi, G. e C. Balista (1992). «Linee di approccio al deposito archeologico». In: *Processi formativi della stratificazione archeologica*. A cura di G. Leonardi. Padova, pp. 75-99.

Mancinelli, M.L. (2003). «La catalogazione statale: censimento ed elementi di analisi». In: *Nuovi strumenti per la catalogazione dei beni archeologici*. A cura di E. Places e A. Leon. Roma, pp. 35-45.

— (2004). «Sistema Informativo Generale del Catalogo: nuovi strumenti per la gestione integrata delle conoscenze sui beni archeologici». In: *Archeologia e Calcolatori* 15, pp. 115-128.

Papaldo, S., M. Ruggeri et al. (1988). *Strutturazione dei dati delle schede di catalogo. Beni mobili archeologici e storico-artistici*. Roma: Istituto CNUCE.

Papaldo, S. e G. Zuretti Angle, cur. (1986). *Automazione dei dati del catalogo dei beni culturali*. Vol. Atti del convegno. Roma: Multigrafica.

Parise Badoni, F. e M. Ruggeri Giove (1984). *Norme per la redazione della scheda del saggio stratigrafico.* Roma.

Parise Badoni, F. e M. Ruggeri (1988). *Strutturazione dei dati delle schede di catalogo. Beni archeologici immobili e territoriali.* Roma.

Places, E. e A. Leon (2003). *La catalogazione statale: censimento ed elementi di analisi.* Roma.

Ricci Lucchi, F. (1980). *Sedimentologia.* Bologna.

Sanesi, G. (1977). *Guida alla descrizione del suolo.* Firenze.

CAPITOLO 9

Verso uno standard di catalogazione su software e dati aperti: il progetto VRC

Fabrizio Giudici[*], Alick Macdonnel McLean[†],
Augusto Palombini[‡],

SOMMARIO. Il progetto Visual Resource Collaborative (VRC), della Syracuse University in Florence (SUF) è un Database relazionale studiato per la catalogazione e la fruizione on-line del patrimonio culturale. La sua realizzazione si basa sull'idea di una condivisione di codici, dati e metadati secondo la quale, a valle della realizzazione del software open source, ciascuna istituzione può fruire liberamente di esso, mettendo a propria volta a disposizione i propri dati e divenendo un nodo del sistema. Le istituzioni e i singoli interessati possono sin d'ora contattare il progetto VRC scrivendo agli autori.

ABSTRACT. *The Syracuse University in Florence "Visual Resource Collaborative Project" (VRC), is a relational database conceived for the classification and on-line diffusion of Cultural Heritage. The project core is an extention of the concept of source code sharing: thanks to the use of Open Source software, each institution can use the VRC to share its data and, thus, becoming a system 'node'. Insitutions and people who are interested in the project may contact VRC project, writing to the authors.*

1. Le origini di VRC

Le origini del progetto Visual Resource Collaborative (VRC), della Syracuse University in Florence (SUF), aiutano a comprendere la struttura e le potenzialità di uso allargato di questo strumento. Il Media Lab della Syracuse University in Florence iniziò a sviluppare Visual Resource Collaborative nel 2003, in rapporto alle necessità interne dei propri docenti di passare dagli strumenti analogici per la gestione di diapositive a quelli digitali. Si concluse che la via più conveniente per portare dall'analogico al digitale una parte quanto più ampia possibile del materiale, nel minor tempo, era quella di proporre un "do ut des" che è poi divenuto il nucleo del lavoro e della filosofia della SUF. Ogni docente mise a disposizione una parte della propria collezione di slides elaborate alla Syracuse University, e le ricevette indietro su CDs, in directories distinte e con i dati di catalogazione incorporati nel formato dei files.

Tutte le slides di ciascun professore vennero quindi messe a disposizione, a turno, di colleghi e studenti di tutte le classi. Lo scambio era e resta tuttora semplice: in cambio della possibilità di ricevere, da parte dell'università, il servizio di digitalizzazione e catalogazione delle proprie slides, per uso individuale, ciascuno deve consentire all'intera comunità universitaria l'accesso ai propri dati.

La rapida adozione di tali servizi di catalogazione e digitalizzazione da parte di svariate discipline ha poi costretto a sviluppare strumenti di catalogazione molto flessibili, in grado di adattarsi anche a nuovi campi della conoscenza, con il crescere degli interessi interdisciplinari.

Nessuna soluzione già pronta soddisfaceva tali esigenze, e si è quindi deciso di sviluppare un database in autonomia, optando per il DB relazionale Open Source PostgreSQL, che è stato usato per offrire uno strumento di catalogazione semplice e tuttavia infinitamente estendibile, consistente in entità, date, valori e modificatori di relazione. Tutti i termini sono basati su standard e tutti i dati immessi dispongono di backup bibliografico.

2. VRC e la catalogazione del Patrimonio Culturale

La proposta di VRC, al di là del suo uso contingente e delle indubbie utilità pratiche, può essere vista anche sotto la prospettiva di un valore metodologico che ha una precisa collocazione nel contesto della storia delle discipline cui si riferisce. Vi è un evidente analogia fra l'idea originale di VRC e gli interessi di archeologi e storici: la consapevolezza della pubblica utilità dei dati, da sottolineare, e la trasparenza dei processi. L'idea di una catalogazione flessibile, grazie alla quale è possibile ridisegnare costantemente i rapporti tassonomici fra gli attributi di un oggetto, rappresenta infatti un potente strumento di ricerca.

La storia dei processi di classificazione in archeologia è strettamente legata all'evoluzione stessa della disciplina, delineando i diversi approcci che si sono succeduti allo studio del passato. Già per gli studi antiquari del XVII secolo la classificazione (almeno nelle intenzioni) rappresentava una forma basilare di conoscenza e di attribuzione di valore. La svolta rappresentata dagli studi di Winckelmann si pone proprio su questo piano.[1] Le crono-tipologie della prima metà del XX secolo, prima che il radiocarbonio risolvesse su un altro piano il problema della determinazione cronologica, rappresentano ulteriori sforzi nella medesima direzione. Ma il denso dibattito sull'effettiva capacità delle classifica-zioni di contribuire a reali passi in avanti della ricerca è un problema tutt'oggi aperto (per una trattazione dettagliata della questione si veda: Palombini 2001).

In sintesi, il problema nasce da un duplice uso possibile delle classificazioni: come griglie rigide, in cui incasellare oggetti e definirli, cioè attribuire loro una precisa identità, o come strumenti di lavoro flessibili, che tratteggiano gli aspetti salienti di un oggetto solo in funzione di una momentanea operazione euristica, che può essere rielaborata alla luce della creatività del ricercatore nel formulare nuove ipotesi di lavoro. Questo aspetto è già stato affrontato da altre discipline, e cruciale nell'epistemologia moderna[2], con la distinzione "fra *aspetto ontologico* e *aspetto epistemologico* dell'eidos (l'eidos è un dato o un posto? lo trovo nella cosa o lo applico alla cosa per renderla intelligibile?)" (ivi, 258, corsivo originale), ma tale piano di riflessione non è sempre chiaro agli archeologi, tuttavia è indubbia la possibilità infinitamente maggiore del secondo tipo di approccio dal punto di vista delle potenzialità di ricerca.

Va inoltre osservato che a fianco di alcuni parziali vantaggi (diffusione di modelli standard, possibilità di query meccaniche e facilitate), una tipologia intesa come rigida griglia classificatoria presenta molti inconvenienti: l'adatta-mento di modelli rigidi a realtà multiformi (si pensi ai dibattiti sulla tipologia litica), la difficoltà di traduzione e *switching* delle definizioni nei diversi sistemi di misura (si pensi ai diversi calendari o alle definizioni territoriali succedutisi nella storia dell'umanità).

Inoltre, e soprattutto, la definizione di relazioni rigide e precostituite fra gli attributi di un elemento ostacola in modo spesso fatale il mutamento dello schema nel tempo, l'autocorrezione dello schema stesso, la messa in discus-sione delle strategie utilizzate, il riconoscimento di nuovi criteri degni di con-siderazione, etc.

La difficoltà a riconoscere il valore di una classificazione dinamica, in grado di riformulare continuamente se stessa, di arricchirsi di nuovi attributi e di riformulare le relazioni fra gli attributi stessi, è oggi superata dalle possibilità offerte dai database di ultima generazione, ed in questo contesto VRC rappre-senta una novità assoluta in grado di aprire alla ricerca archeologica e storico-artistica delle prospettive assolutamente innovative su diversi piani:

- Sul piano della divulgazione: facilitando la diffusione di informazioni sul patrimonio culturale, e insegnando che la creatività è elemento essenziale nell'attività di ricerca per mettere a fuoco relazioni nuove fra le informazioni.
- Sul piano metodologico della ricerca: come potente strumento dinamico per costruire e riorganizzare archivi senza rischi di obsolescenza, ma anche aprendo la via a un nuovo pensiero classificatorio, e spingendo gli studiosi a strategie di comunicazione e collaborazione.
- Sul piano finanziario: grazie all'approccio Open Source che consente filiere di lavoro fruibili per un uso diffuso anche nei paesi in via di sviluppo, dove

l'uso di software commerciale presenta insormontabili problemi economici. Inoltre, come l'Unesco ha spesso sottolineato[3] i file realizzati in formati aperti, nell'ambito dei Beni Culturali, offrono una maggiore garanzia di non divenire obsoleti o andare perduti, in quanto è molto più diffusa, frequente e semplice la loro riproduzione e trasmissione, anche attraverso il web.

3. VRC: gli aspetti tecnici

Il progetto VRC è basato sul concetto di catalogazione di *entità generiche* (oggetti d'arte, reperti, agenti umani, luoghi, materiali, geo-dati, etc...) che possono essere legate da relazioni arbitrarie (ad esempio "L'oggetto X *si trova alle coordinate* X,Y", "L'oggetto Y *è stato scoperto* da Tizio" etc). Questa impostazione prevede la gestione di una serie di campi (le *entità*: nomi geografici, di persone, date, etc., in modo analogo ad un DB tradizionale, ma anche la gestione di una serie di *relazioni*, che possono essere trattate a propria volta come campi. In questo modo è possibile non solo modificare dinamicamente e in qualunque momento l'intera struttura della definizione di un elemento:
es. da:

> "l'oggetto x *è stato scoperto* da Paolo ed *è conservato* nel museo di Torino dall'anno 2000"

a:

> "l'oggetto x *è stato scoperto* da Mario ed *è conservato* nel museo di Firenze dall'anno 2002")

ma di creare catene di campi, personalizzando costantemente dimensioni e definizioni dei record:
es. da:

> "l'oggetto x *è stato scoperto* da Paolo ed *è conservato* nel museo di Torino"

a:

> "l'oggetto x *è stato scoperto* da Mario, la scoperta *è stata erroneamente attribuita* a Paolo, *è conservato* nel museo di Firenze dal 2001 ed *è stato conservato* nel museo di Torino dal 2000 al 2001"

Particolare attenzione è infatti rivolta alla rappresentazione di relazioni mutevoli (la storia degli spostamenti di un manufatto o i cambi di nome) e alla rappresentazione delle date, attraverso un sistema pensato appositamente per le esigenze archeologiche e storico-artistiche in grado di mantenere precisione di giorno e ora, come pure rappresentare datazioni archeologiche e paleontologiche con vari gradi di approssimazione, dal giorno-mese-anno all'era geologica.

Inoltre, la catalogazione è studiata per la coesistenza di criteri multipli prevedendo classificazioni di località secondo criteri amministrativi, geografici o geopolitici e persino storici (le province dell'Impero Romano o di quello Cinese). Ad ogni oggetto sono associabili *documenti* (fotografie, planimetrie, modelli 3D, etc.) per cui definire politiche di accesso in base al copyright. Un motore di ricerca consente selezioni complesse e facenti uso di relazioni.

Oltre a realizzare nodi di database, fruibili sia attraverso un'interfaccia web che applicazioni specializzate, VRC consente di costruire reti "peer to peer" che scambiano informazioni grazie a tecnologie di Web Semantico. L'uso della lingua franca RDF rende anche possibile interfacciamenti con altri archivi.

VRC è un progetto modulare, composto da parti che possono anche integrarsi a componenti diversi:

(1)   il nucleo di gestione della base di dati;
(2)   un'interfaccia Web;
(3)   moduli per l'integrazione con applicazioni indipendenti "rich client";
(4)   un modulo di elaborazione fotografica.

L'interfaccia web è studiata con criteri di semplicità ed efficienza e richiede semplicemente l'uso di un browser con capacità Ajax, senza particolari requisiti hardware (ad esempio mantenendo la compatibilità con dispositivi economici come il laptop da $100 del M.I.T.).

Per la parte fotografica, VRC può estrarre informazioni dai metadati presenti nei formati di immagine più diffusi (EXIF, XMP) per facilitare l'attività di catalogazione. Nella roadmap del progetto è inclusa la capacità di archiviare immagini in formato "camera raw" proprietario o aperto, e convertirle al volo, in toto o in parte, in formati più facilmente fruibili sul web (JPEG, PDF) o per scopi editoriali. Nella roadmap di VRC sono incluse le capacità di elaborare immagini HDR, panoramiche, in realtà virtuale e CAD 2D/3D. Infine, l'elaborazione di immagini si basa su una libreria di digital imaging ricca di funzionalità (usata anche dalla NASA) prestandosi all'implementazione di sofisticati algoritmi, qualora necessari per scopi specialistici. È anche supportato il Grid Computing.

Syracuse University in Florence è orientata ad offrire VRC come un progetto *open source* in due sensi: *code* e *data* chiedendo alle altre istituzioni la stessa disponibilità alla condivisione sia del software che dei dati. Il progetto è basato su Java e altre tecnologie open source, garantendo la portabilità su qualsiasi piattaforma (Linux, Windows, Mac OS X).

Aggiornamento (2013)

Gli sviluppi del progetto VRC successivi alla realizzazione di questo lavoro non sono stati ulteriormente seguiti dagli scriventi a seguito dell'interruzione del rapporto del lavoro di uno di essi con la Syracuse University of Florence. Il tema dell'uso delle tecniche di web semantico per forme di archiviazione on line di elementi del Patrimonio è stato peraltro affrontato nell'ambito di altri progetti quali ad esempio *blueOcean* (Giudici e Palombini 2010).

Notes

[*] Tidalwave s.a.s.
[†] Syracuse University in Florence.
[‡] Virtual Heritage Lab, ITABC-CNR, Roma.
[1] Bianchi Bandinelli 1976, p. 12.
[2] Eco 1968.
[3] Bradley, Lei e Blackall 2007.

Riferimenti bibliografici

Bianchi Bandinelli, R. (1976). *Introduzione all'archeologia*. Roma Bari: Laterza.
Bradley, K., J. Lei e C. Blackall (2007). *Towards an Open Source Repository and Preservation System*. UNESCO.
Eco, U. (1968). *La struttura assente*. Milano: Bompiani.
Giudici, Fabrizio e Augusto Palombini (2010). «blue Ocean: un framework open source per la realizzazione di CMS semantici». In: *ARCHEOFOSS Atti del IV Workshop: "Open Source, free formats, open software nei processi di ricerca archeologica*. A cura di P. Cignoni, A. Palombini e Pescarin S. Archeologia e Calcolatori, supplemento. Firenze: All'Insegna del Giglio, pp. 245-249.
Palombini, Augusto (2001). «Miti e pregiudizi nell'uso dei sistemi di classificazione in archeologia». In: *Rassegna di Archeologia* 18, pp. 127-144.

CAPITOLO 10

Creative Commons e Science Commons per la ricerca archeologica – alcune riflessioni

Andrea Glorioso[*]

SOMMARIO. I cosiddetti "diritti di proprietà intellettuale", e in particolare il diritto d'autore, costituiscono da tempo un elemento ineludibile di tutte le discipline accademiche. La ricerca in ambito archeologico non fa eccezione. Al tempo stesso, il concetto di base della normativa sul diritto d'autore, ovvero l'impossibilità di condividere 'informazione' senza il permesso del detentore dei diritti, si contrappone spesso allo spirito di base della ricerca. In questo senso appare utile esplorare la possibilità di applicare le licenze Creative Commons – licenze standard tramite cui il detentore dei diritti può esplicitamente dare il permesso di copiare, redistribuire e modificare il risultato della propria attività creativa – alla ricerca archeologica.

ABSTRACT. *So-called "intellectual property rights", and more specifically copyright or authors' rights, have become for some time an unavoidable element of all academic disciplines. Archeological research is no exception. However, the basic concept of copyright, i.e. the impossibility to share 'information' without the explicit permission of the copyright holder, may often go against the spirit of research. Because of this it appears useful to analyse the possibility to apply Creative Commons licenses – standard licenses through which the copyright holder can explicitly give permission to copy, redistribute and modify the results of his/her own creative activity – to archaelogical research.*

1. Cenni al diritto d'autore

Il diritto d'autore[1] è un istituto giuridico in base al quale il creatore di un'opera dell'ingegno[2] si vede attribuire dal legislatore una serie di diritti, la maggior parte dei quali esclusivi,[3] sull'opera in questione. Tali diritti, solitamente suddivisi in base alla loro natura prevalentemente economica[4] o meno[5], ricomprendono un amplissima gamma di attività[6]: dalla riproduzione dell'opera in qualsiasi forma e usando qualsiasi metodo[7], alla sua esecuzione, rappresentazione o recitazione in pubblico[8], dalla comunicazione dell'opera al pubblico in modalità diffusiva o punto-multipunto[9], push o on-demand, alla sua distribuzione con ogni altro mezzo[10], ed altre tipologie di attività che abbiano rilevanza sul piano dello sfruttamento economico dell'opera. Tali diritti (a parte alcune eccezioni su cui la natura non specialistica di questo contributo consiglia di soprassedere) durano sino allo scadere del settantesimo anno dalla morte dell'autore[11].

2. Diritto d'autore, diritti di "proprietà intellettuale" e ricerca scientifica

Tutto ciò potrebbe apparire di ben scarso interesse per l'archeologo, fino a che non ci si interroga su cosa intenda il legislatore quando parla di "opera dell'ingegno". Benché il concetto non sia definito in modo preciso ed esaustivo, la l.d.a. include all'interno dell'oggetto di protezione le opere – che siano letterarie, musicali, figurative, architettoniche, teatrali, cinematografiche o equiparate[12] – la cui creazione dimostri una minima quantità di creatività umana[13], qualunque ne sia il modo o la forma di espressione[14].

All'atto pratico, ciò significa che una percentuale non del tutto insignificante degli artefatti che l'archeologo usa come input per le proprie attività o produce quale output delle medesime possono essere soggetti alla disciplina del diritto d'autore. L'esempio più lampante è probabilmente quello degli articoli scientifici, al tempo stesso input e auspicabile output dell'attività di ricerca archeologica. Le foto di manufatti archeologici sono un altro esempio di artefatto protetto dal diritto d'autore che, nella normale pratica dell'archeologo, è presumibilmente al tempo stesso input e output. Un caso di artefatto che plausibilmente rileva maggiormente nella fase di input è il software, almeno nella misura in cui si accetti il ragionevole assunto che l'attività primaria di un archeologo non sia lo sviluppo di programmi per elaboratore – senza con ciò escludere che, specialmente in alcune branche della disciplina, tale sviluppo non possa costituire una parte significativa dell'attività dell'archeologo. Considerazioni simili possono applicarsi per le basi di dati[15] che, specialmente in un'epoca di profluvio informativo, costituiscono uno strumento prezioso per l'archeologo e la cui realizzazione, in alcuni specifici settori, costituisce di fatto uno dei risultati più ambiti dell'attività di ricerca.

Oltre ai casi chiaramente ricompresi nell'ambito di protezione del diritto d'autore, ve ne sono altri per cui una presa di posizione netta è più difficile[16], ma che plausibilmente rivestono un interesse particolare per il lavoro dell'archeologo. Ci si riferisce in particolare al caso dei dati geospaziali[17] e delle forme di conoscenza tradizionale ed espressioni culturali tradizionali[18] che potrebbero interessare, prevalentemente come strumento nel primo caso, come oggetto di ricerca nel secondo, l'archeologo. Non è semplice affrontare all'interno di questo contributo un tema così delicato, non fosse altro in considerazione della mole di discussioni già intercorse sull'argomento. In questo contesto ci si limiterà dunque a sollevare il problema, rimandando ad altra e più appropriate sede il difficile compito non già di risolvere la questione – il che attiene più alla sfera della politica e dell'economia che a quella dell'analisi giuridica – quanto di approfondire la misura in cui tali fattispecie borderline siano di effettivo interesse per l'archeologo e in che modo le dinamiche di condivisione volontaria che verranno illustrate nel prosieguo dell'articolo possano essere effettivamente applicate anche a tali casi.

Sia come sia, assodato che a volte non è così semplice delimitare ciò che è protetto dal diritto d'autore da ciò che non lo è[19], si tratta ora di riflettere su quali siano le implicazioni di tale protezione. La natura esclusiva della maggior parte[20] dei diritti garantiti dalla l.d.a. rispondono (anche) ad un criterio di efficienza economica[21]; in altri termini, il loro obbiettivo è promuovere le attività creative, dando ai potenziali creatori gli strumenti – appunto, dei diritti esclusivi – necessari al fine di "recuperare gli investimenti" di tempo, energia, denaro che si siano resi necessari[22]. D'altra parte, l'attribuzione di diritti esclusivi quasi[23] del tutto basati sulla volontà del titolare dei diritti, che non sempre è l'autore originario – si pensi alla pratica, molto comune nell'ambito dell'editoria scientifica, di richiedere agli autori degli articoli una licenza esclusiva, se non un trasferimento, dei diritti d'autore – può rendere difficoltoso l'accesso alla conoscenza così come essa si sostanzia nelle varie forme sopra ricordate. Ciò può avvenire – tra gli altri motivi – a causa di un esplicito rifiuto del titolare dei diritti di permettere l'accesso, la copia, l'utilizzo dell'opera dell'ingegno su cui egli o ella vanti dei diritti, o della difficoltà di individuare chi sia l'effettivo titolare dei diritti[24], o della sussistenza di una quantità così elevata di diritti sull'opera da rendere il rapporto costi/benefici eccessivo per chi sia interessato ad accedere all'opera[25].

I problemi di accesso costituiscono ovviamente un ostacolo particolarmente significativo per la ricerca scientifica, anche in ambito archeologico. Anche se è necessario evitare generalizzazioni in merito agli effettivi blocchi o rallentamenti causati dall'esistenza e dall'esercizio di diritti esclusivi, non si può non rilevare come le più recenti modifiche legislative abbiano esteso la portata del diritto d'autore sia dal punto di vista della durata dei diritti[26] che relativamente all'oggetto di protezione[27]; ciò può in effetti rappresentare un problema per chi svolge attività di ricerca, per cui un flusso informativo il più rapido, ininterrotto e fluido possibile rappresenta un bene fondamentale al fine di lavorare in modo efficace ed efficiente. Né, d'altronde, appare necessariamente plausibile giustificare la sussistenza di diritti esclusivi particolarmente estesi (sotto forma di diritti d'autore o meno) in base ad una presunta necessità di incoraggiare o stimolare l'attività creativa, dato che nell'ambito della ricerca scientifica tale stimolo si basa, o si dovrebbe basare, su ben altre dinamiche[28].

Per essere estremamente sintetici – e con ciò rendendo poca giustizia ad un tema assai complesso e dibattuto – appare desiderabile tentare di ridurre gli eventuali problemi che una eccessiva estensione dei diritti esclusivi (ivi inclusi di quelli relativi al diritto d'autore) può comportare in un settore specifico come quello della ricerca scientifica. A parte intervenire a livello legislativo – per esempio, con delle specifiche eccezioni ai diritti d'autore volte a garantire un accesso semplificato da parte di chi svolge attività di ricerca – che non appaiono comunque plausibili nel breve o medio periodo, uno dei modi in cui tale obbiettivo può essere raggiunto consiste nella costruzione volontaria, su base privatistica, di un ecosistema informativo in cui la copia, l'accesso, l'utilizzo di materiale protetto dal diritto d'autore siano la regola e non già l'eccezione. Il progetto Creative Commons si propone di costruire strumenti volti a concretizzare tale obbiettivo.

3. Il progetto Creative Commons

Creative Commons[29] – una "501(c)(3) tax-exempt charitable corporation" con sede legale nello stato del Massachussets (Stati Uniti) – vede la luce nel 2001, con l'obbiettivo di "costruire un copyright ragionevole"[30]. Ritenendo che il copyright statunitense stesse soffrendo di una iper-estensione in termini di ampiezza e durata[31] – un fenomeno ancor più dannoso considerando che l'affermarsi delle tecnologie digitali per il trattamento dell'informazione e l'emergere prepotente di Internet e del Web avrebbero al tempo stesso permesso un accesso alle opere dell'ingegno in forma digitale (o digitalizzabile[32]) sconosciuto fino ad allora, così come la produzione di nuova conoscenza con nuove modalità collaborative – Creative Commons propone inizialmente come soluzione la redazione e la diffusione delle licenze Creative Commons[33]. Successivamente, lancia il progetto Science Commons, con l'obbiettivo di estendere la filosofia delle licenze CC - applicabili a tutti gli ambiti in cui la creatività umana si esplica - nell'ambito della ricerca scientifica.

3.1. Le licenze Creative Commons

Le CCPL sono delle licenze di diritto d'autore[34] – messe gratuitamente e liberamente[35] a disposizione di chiunque voglia farne uso – la cui caratteristiche principale consiste nel fatto che il licenziante concede gratuitamente al licenziatario, per tutta la durata del diritto d'autore applicabile, l'autorizzazione di compiere, nel rispetto di condizioni differenti a seconda della specifica CCPL usata, alcuni degli atti che le norme sul diritto d'autore riservano al titolare dei diritti[36]. Sin dal principio, Creative Commons sottolinea la natura individuale e volontaria dello strumento[37].

Un'altra caratteristica rilevante delle CCPL è la loro modularità: partendo da una base comune, ovvero l'autorizzazione concessa alla collettività di riprodurre, comunicare al pubblico, rappresentare, recitare, esporre in pubblico l'opera data in licenza (e, a meno che non sia presente l'opzione ND che verrà descritta poco oltre, gli adattamenti/opere derivate dell'opera medesima) il licenziante ha la possibilità di "attivare" o meno quattro opzioni.

L'opzione BY ("Attribution" o "Attribuzione" nella versione italiana delle licenze)[38] regola l'obbligo dei licenziatari di riconoscere la paternità dell'opera; l'opzione NC ("Non Commercial" o "Non commerciale")[39] impone che l'esercizio dei diritti concessi in licenza avvenga "in maniera tale che sia prevalentemente intesa o diretta al perseguimento di un vantaggio commerciale o di un compenso monetario privato"; l'opzione ND ("No Derivative Works" o "Non opere derivate")[40] vieta la creazione di "opere derivate"[41] dell'opera concessa in licenza; l'opzione SA ("Share Alike" o "Condividi allo stesso modo")[42] obbliga l'autore di Opere Derivate a licenziare tali opere secondo le medesime condizioni dell'opera originaria. La scelta delle opzioni desiderate – che può essere effettuata via Web tramite una procedura guidata sul sito di Creative Commons[43] – permette all'utente di scegliere, tra le sei licenze che si ottengono combinando le opzioni indicate[44], quella più adatta alle proprie necessità e ai propri scopi.

Le CCPL sono caratterizzate anche da due ulteriori dimensioni di variabilità: una geografica e una cronologica. I fondatori del progetto Creative Commons, infatti, comprendono rapidamente che un limite sostanziale ad una maggior diffusione globale delle CCPL consiste nel loro basarsi sull'ordinamento giuridico statunitense. Per cercare di ovviare al problema, nell'aprile 2003 viene lanciata l'iniziativa Creative Commons International[45]; lo scopo è coordinare la traduzione e l'adattamento delle CCPL ad altri ordinamenti giuridici, avvalendosi della collaborazione (su base gratuita e volontaria) di soggetti dotati delle conoscenze, dell'esperienza e – elementi non secondari – dell'interesse e dell'entusiasmo necessari ad adattare le CCPL alle peculiarità di ciascun ordinamento giuridico, cercando però di restare quanto più fedeli alle licenze originarie[46].

Last, not least, le CCPL si sono evolute nel corso degli anni, rispondendo alle esigenze di coloro che le hanno usate e in seguito a riflessioni autonome dei membri di Creative Commons e dei gruppi di lavoro nazionali. Ciascuna nuova versione[47] delle CCPL viene lanciata dalla "casa madre" e viene poi adattata a velocità variabile, con il risultato che in un dato momento non tutte le versioni delle CCPL sono disponibili per ciascun ordinamento giuridico. Al momento della stesura di questo contributo la versione disponibile per l'ordinamento giuridico italiano è la 2.5[48].

Le licenze CC costituiscono uno strumento utile per chiunque voglia condividere i frutti della propria creatività. Senza entrare nel merito del perché i
creatori le scelgano come strumento di gestione dei propri diritti[49], esse possono essere utilmente impiegate nell'ambito della ricerca archeologica per massimizzare la diffusione dei risultati delle proprie attività – qualora essi ricadano
all'interno della tutela del diritto d'autore – e ciò facendo garantendo una loro
circolazione e rielaborazione che appare ben sposarsi con i criteri propri della
ricerca scientifica. Tuttavia, non va dimenticato che le CCPL sono – in ragione
di una precisa scelta "tecnica" e politica – degli strumenti al tempo stesso limitati – poiché si riferiscono solo ed esclusivamente al diritto d'autore – e generali
– dato che possono essere utilizzate negli ambiti più svariati, ovunque il diritto
d'autore trovi, appunto, applicazione.

Al di là delle brevi considerazioni che questo contributo introduce sulle
fattispecie borderline rispetto alla tutela del diritto d'autore, appare abba-
stanza lampante che la ricerca scientifica[50] presenta delle specifiche peculiarità
rispetto alla produzione letteraria o musicale. Avendo coscienza della difficoltà
di ridurre le CCPL a dei "coltellini svizzeri" adatti a tutto, già nel 2005 Creative
Commons lancia il progetto Science Commons[51].

3.2. Il progetto Science Commons

L'obbiettivo del progetto Science Commons è di applicare la filosofia di condivisione propria di Creative Commons al mondo della ricerca scientifica. In generale, le attività del progetto Science Commons sono accomunate da una considerazione di base – la dipendenza della ricerca scientifica dall'accesso ai dati,
qualsiasi sia la natura di questi ultimi[52] – unitamente alla percezione di una for-
tissima discrasia tra le possibilità di accesso offerte dalle nuove tecnologie e l'in-
nalzamento delle barriere legali a che tali possibilità divengano realtà concrete[53].

Senza voler dare un giudizio di merito circa l'effettivo impatto che la diversità
di direzione, intensità e, volendo essere pessimisti, verso dei vettori "tecnologia" e "diritto" comporta per la ricerca scientifica,[54] una descrizione di massima
delle attività del progetto Science Commons appare utile, se non direttamente,
almeno come fonte di ispirazione per chi si occupa di ricerca archeologica ed
è alla ricerca di strumenti concettuali e pratici che permettano un utilizzo più
efficiente ed efficace delle risorse strumentali e cognitive in campo.

Le attività del progetto Science Commons si focalizzano su tre settori tematici distinte: pubblicazioni scientifiche ("Publishing"[55]), licenze ("Licensing"[56])
e dati ("Data"[57]). Per quanto attiene al primo settore, il progetto Science Commons vuole essere uno dei promotore del cosiddetto "Open Access", termine
sintetico[58] che vuole indicare tutte le forme di massimizzazione dell'accesso ai
risultati della ricerca scientifica, con particolare riferimento alle pubblicazioni
- articoli, saggi, libri, e così via. Più specificamente, Science Commons intende
promuovere due strategie specifiche, tra loro complementari: da un lato inco-

raggiare la pubblicazione dei propri risultati presso le cosiddette "riviste Open Access", che permettono il riutilizzo del materiale pubblicato[59]; dall'altro promuovere la pratica del "self archiving", in base alla quale gli autori dei contributi possano depositare una copia dei propri articoli in archivi digitali, strutturati ed organizzati in modo tale[60] da permettere l'accesso tramite reti telematiche, tra cui il World Wide Web.[61] Il contributo più sostanziale di Science Commons a questi obbiettivi consiste nello sviluppo dello "Scholar's Copyright Addendum Engine",[62] che permette, tramite una semplice procedura di selezione via web, di generare un documento legale da firmare e aggiungere ai moduli di autorizzazione alla pubblicazione che vengono solitamente richiesti dalle case editrici delle riviste accademiche. Tale documento assicura che i diritti necessari al "self archiving" rimangano in capo all'autore.[63].

Il secondo settore di attività del progetto Science Commons - *Licensing* - si concentra sul problema della gestione del materiale biologico, in particolare per quanto attiene alla regolamentazione dell'accesso a, e dello scambio di, tale materiale[64]. Il progetto Science Commons intende realizzare un modello standard di "material transfer agreement"[65] – basato sull'esistente UBMTA o "Universal Biological Materials Transfer Agreement"[66] – che, similmente a quanto già avviene con le licenze CC, dovrebbe essere modulare e il più semplice possibile da comprendere per tutti gli attori del sistema[67]. La rilevanza di questo settore per la ricerca scientifica nel suo complesso, per la ricerca archeologica in particolare, e ancor più per quella italiana, appare quantomeno limitata; per tale motivo ci si limita qui a dare dei brevi riferimenti, auspicando che le attività di Science Commons si espandano sino a considerare i problemi di "licensing" legati ad altri tipi di artefatti e manufatti fisici, il che plausibilmente rappresenterebbe motivo di interesse per l'archeologo.

Considerazioni analoghe – e analoghe decisioni relativamente allo spazio che questo contributo intende riservare all'argomento – si possono applicare al terzo settore di attività del progetto Science Commons, relativo ai dati. in cui l'obbiettivo principale è la realizzazione di una piattaforma software Open Source per il knowledge management, chiamata "Neurocommons", inizialmente focalizzata sulle neuroscienze[68]. Tale piattaforma, utilizzando gli strumenti forniti dalla ricerca sul Web semantico[69], dovrebbe costituire un veicolo efficiente per le attività di "data integration"[70], "text mining"[71] e analisi[72]; il tutto partendo dal presupposto che il successo dell'attivita di ricerca odierna si basa in gran parte sulla possibilità di localizzare e sfruttare i risultati già raggiunti nel medesimo settore[73].

4. Conclusioni

La digitalizzazione della nostra vita ha avuto effetti dirompenti anche nell'ambito della ricerca scientifica e plausibilmente continuerà ad averne in misura sempre maggiore. La possibilità materiale di accedere a volumi via via più massicci di informazione e conoscenza corre parallela – ma, a volte può sembrare, in verso contrario – a modifiche normative che aggiungono attrito anziché facilitare questi processi di apertura. Se in ambiti più prettamente commerciali tale attrito può giustificarsi con la necessità che il privato – che investe tempo e denaro nella realizzazione di un artefatto creativo – possa avere quantomeno la possibilità di vedere il frutto di tali investimenti, simili considerazioni appaiono poco applicabili, quando non intellettualmente disoneste, nel settore della ricerca pubblica. A fronte di una certa inerzia istituzionale nei confronti delle necessarie riforme legislative – di cui le norme sul diritto d'autore e in generale sul corpus, a volte confuso, dei vari istituti raccolti sotto il cappello di "diritti di proprietà intellettuale", sono solo una parte – l'autonoma iniziativa del ricercatore può essere una prima risposta. In tal senso, le licenze Creative Commons e le attività del progetto Science Commons, in particolare quelle concentrati sul "Open Access", appaiono essere degli strumenti e delle fonti di ispirazione utili.

Notes

* Politecnico di Torino, andrea.glorioso@polito.it. Andrea Glorioso è ricercatore presso il Centro di Ricerca NEXA su Internet e Società del Politecnico di Torino; è inoltre membro del gruppo di lavoro di Creative Commons Italia.

1 Coerentemente con il linguaggio dell'ordinamento giuridico italiano, nel corso dell'articolo si userà il termine "diritto d'autore" anziché il diffuso "copyright", termine che appartiene alla tradizione della common law anglosassone. Non si vuole entrare nel merito delle differenze, non puramente terminologiche, tra i due istituti giuridici, ma si è ritenuto opportuno peccare di puntigliosità dato che la natura territoriale di questa branca del diritto rende particolarmente importante sapere quali sono le norme di riferimento – evitando così, ad esempio, indebite invasioni di campo da parte del concetto statunitense di fair use nelle discussioni relative alle più italiche "eccezioni e limitazioni" (si veda il Capo V della Legge 22 Aprile 1941, n. 633, "Protezione del diritto d'autore e di altri diritti connessi al suo esercizio", "l.d.a." nel prosieguo dell'articolo, e la discussione di cui alla n. 19 infra).

2 Vedi infra circa il concetto, non sempre limpido, di "opera dell'ingegno".

3 Ovvero volti ad escludere qualsiasi altro soggetto dall'esercizio delle facoltà regolate dalla legge.

4 Vedi art. 12 l.d.a. ("l'autore [...] ha altresì il diritto esclusivo di utilizzare economicamente l'opera in ogni forma e modo, originale o derivato, nei limiti fissati da questa legge, ed in particolare con l'esercizio dei diritti esclusivi indicati negli articoli seguenti").

5 Il "meno" è approssimativamente identificabile con i cosiddetti "diritti morali", quali ad esempio i diritti "di rivendicare la paternità dell'opera e di opporsi a qualsiasi deformazione, mutilazione od altra modificazione, ed a

ogni atto a danno dell'opera stessa, che possano essere di pregiudizio al suo onore o alla sua reputazione" (art. 20 l.d.a.). Nel corso dell'articolo, tuttavia, ci si riferirà prevalentemente ai diritti di sfruttamento economico; al di là della necessaria economia espositiva, anche in considerazione del fatto che i diritti morali non possono in linea generale essere oggetto di una dazione in licenza, tramite licenza Creative Commons o meno, nella misura in cui essi sono irrinunciabili, inalienabili e imprescrittibili, se non in particolari casi previsti dalla legge (vedi per esempio l'art 22, comma 2 l.d.a.).

[6] In tal senso è ancor più utile evitare di usare il termine copyright, che potrebbe erroneamente indurre a credere che la portata del diritto d'autore si limiti al mero atto della copia: così non era in passato e non è oggi, anche in seguito alle numerose modifiche apportate alla legge nel corso del tempo, sia su iniziativa autonoma del legislatore nazionale sia per ottemperare agli obblighi come stato membro dell'UE, tra cui quelli derivanti dal recepimento della varie direttive in materia, quali la Direttiva 87/54/CEE del Consiglio del 16 dicembre 1986 sulla tutela giuridica delle topografie di prodotti a semiconduttori (Gazzetta ufficiale n. L 024 del 27/01/1987 pag. 0036 - 0040), la Direttiva 91/250/CEE del Consiglio, del 14 maggio 1991, relativa alla tutela giuridica dei programmi per elaboratore (Gazzetta ufficiale n. L 122 del 17/05/1991 pag. 0042 - 0046), la Direttiva 92/100/CEE del Consiglio, del 19 novembre 1992, concernente il diritto di noleggio, il diritto di prestito e taluni diritti connessi al diritto di autore in materia di proprietà intellettuale (Gazzetta ufficiale n. L 346 del 27/11/1992 pag. 0061 - 0066), la Direttiva 93/83/CEE del Consiglio, del 27 settembre 1993, per il coordinamento di alcune norme in materia di diritto d'autore e diritti connessi applicabili alla radiodiffusione via satellite e alla ritrasmissione via cavo (Gazzetta ufficiale n. L 248 del 06/10/1993 pag. 0015 - 0021), la Direttiva 93/98/CEE del Consiglio, del 29 ottobre 1993, concernente l'armonizzazione della durata di protezione del diritto d'autore e di alcuni diritti connessi (Gazzetta ufficiale n. L 290 del 24/11/1993 pag. 0009 - 0013), la Direttiva 96/9/CE del Parlamento europeo e del Consiglio, dell'11 marzo 1996, relativa alla tutela giuridica delle banche di dati (Gazzetta ufficiale n. L 077 del 27/03/1996 pag. 0020 - 0028), la Direttiva 2001/29/CE del Parlamento europeo e del Consiglio, del 22 maggio 2001, sull'armonizzazione di taluni aspetti del diritto d'autore e dei diritti connessi nella società dell'informazione (Gazzetta ufficiale n. L 167 del 22/06/2001 pag. 0010 - 0019), la Direttiva 2001/84/CE del Parlamento europeo e del Consiglio, del 27 settembre 2001, relativa al diritto dell'autore di un'opera d'arte sulle successive vendite dell'originale (Gazzetta ufficiale n. L 272 del 13/10/2001 pag. 0032 - 0036), la Direttiva 2004/48/CE del Parlamento europeo e del Consiglio, del 29 aprile 2004, sul rispetto dei diritti di proprietà intellettuale (Gazzetta ufficiale n. L 195 del 02/06/2004 pag. 0016 - 0025), la Direttiva 2006/115/CE del Parlamento europeo e del Consiglio, del 12 dicembre 2006, concernente il diritto di noleggio, il diritto di prestito e taluni diritti connessi al diritto di autore in

materia di proprietà intellettuale (Gazzetta ufficiale n. L 376 del 27/12/2006 pag. 0028 - 0035), la Direttiva 2006/116/CE del Parlamento europeo e del Consiglio, del 12 dicembre 2006, concernente la durata di protezione del diritto d'autore e di alcuni diritti connessi (Gazzetta ufficiale n. L 372 del 27/12/2006 pag. 0012 - 0018).

[7] Vedi art. 13 l.d.a. ("[i]l diritto esclusivo di riprodurre ha per oggetto la moltiplicazione in copie diretta o indiretta, temporanea o permanente, in tutto o in parte dell'opera, in qualunque modo o forma, come la copiatura a mano, la stampa, la litografia, l'incisione, la fotografia, la fonografia, la cinematografia ed ogni altro procedimento di riproduzione").

[8] Vedi art. 15. l.d.a. ("[i]l diritto esclusivo di eseguire, rappresentare o recitare in pubblico ha per oggetto, la esecuzione, la rappresentazione o la recitazione, comunque effettuate, sia gratuitamente che a pagamento, dell'opera musicale, dell'opera drammatica, dell'opera cinematografica, di qualsiasi altra opera di pubblico spettacolo e dell'opera orale").

[9] Vedi art. 16. l.d.a. ("[i]l diritto esclusivo di comunicazione al pubblico su filo o senza filo dell'opera ha per oggetto l'impiego di uno dei mezzi di diffusione a distanza, quali il telegrafo, il telefono, la radiodiffusione, la televisione ed altri mezzi analoghi, e comprende la comunicazione al pubblico via satellite e la ritrasmissione via cavo, nonché quella codificata con condizioni di accesso particolari; comprende altresì la messa disposizione del pubblico dell'opera in maniera che ciascuno possa avervi accesso dal luogo e nel momento scelti individualmente").

[10] Vedi art. 17 l.d.a. ("[i]l diritto esclusivo di distribuzione ha per oggetto la messa in commercio o in circolazione, o comunque a disposizione, del pubblico, con qualsiasi mezzo ed a qualsiasi titolo, dell'originale dell'opera o degli esemplari di essa e comprende, altresì, il diritto esclusivo di introdurre nel territorio degli Stati della Comunità europea, a fini di distribuzione, le riproduzioni fatte negli Stati extracomunitari").

[11] Allo scadere della durata imposta dalla legge non corrisponde automaticamente l'ingresso dell'opera dell'ingegno in un fantomatico "pubblico dominio" – altro concetto giuridico di derivazione anglosassone e il cui uso nel lessico italiano meriterebbe forse maggior attenzione e riflessione di quanto normalmente avvenga – ove tutto è concesso. Al di là dei diritti morali dell'autore di un'opera (vedi *supra* n. 5) che in linea di principio non seguono lo stesso "ciclo vitale" dei diritti di sfruttamento economico, possono sussistere altre ragioni per cui un'opera, pur se libera dai vincoli derivanti dai diritti di sfruttamento economico, non possa essere liberamente utilizzata: si pensi, a mero titolo esemplificativo, ai diritti alla privacy che potrebbero sussistere in capo ai soggetti in una foto. Inoltre, nell'ordinamento giuridico italiano appare problematico ammettere una rinuncia ad un diritto reale che causi una non corretta attribuzione dei doveri/oneri legati al bene su cui insiste il diritto medesimo. Dal punto di vista pratico, si può "simulare" una simile rinuncia usando dei meccanismi giuridici di tipo

privatistico/negoziale come le licenze Creative Commons, sebbene la co-
struzione di un simile "contract-based commons" sia stato più volte oggetto
di critiche: si vedano ad esempio N. Elkin-Koren, *What Contracts Can't
Do: The Limits of Private Ordering in Facilitating a Creative Commons*, in
74 *Fordham Law Review*, 2005; AA.VV., *A letter to the Commons*, in L.
Bansal-P. Keller-G. Lovink (eds.), *In the Shade of the Commons - Towards a
Culture of Open Networks*, Waag Society, Amsterdam (NL), 2006; N. Elkin-
Koren, *Creative Commons: A Skeptical View of a Worthy Pursuit*, in P.B.
Hugenholtz-L. Guibault (eds.), *The future of the public domain*, Kluwer Law
International, 2006.

[12] I programmi per elaborare – esempio non insignificante nella moderna
"economia della conoscenza" – sono equiparati ex lege alle opere letterarie. Vedi art. 1, comma 2 l.d.a. ("[s]ono altresì protetti i programmi per
elaboratore come opere letterarie ai sensi della convenzione di Berna sulla
protezione delle opere letterarie ed artistiche ratificata e resa esecutiva con
legge 20 giugno 1978, n. 399"). Tale conclusione è il frutto di un lungo e
tormentato dibattito a livello internazionale, durante il quale vari modelli
di protezione erano stati proposti, ivi inclusi l'istituto brevettuale e forme di
protezione sui generis. Per una ricostruzione storica, incentrata sulla prospettiva statunitense ma ricca di riferimenti bibliografici, e una proposta
concreta ma mai concretizzatasi si veda P. Samuelson, R. Davis, M.D. Ka-
por, J. H. Reichman, *A Manifesto concerning the Legal Protection of Computer Programs*, in 94(8) *Columbia Law Review*, 1994.

[13] Il caso delle basi di dati tende però a sfuggire a tale principio di matrice
continentale, per sposare il principio dello sweat of the brow di origine
anglosassone, in base al quale il copyright protegge anche le opere di natura non creativa ma per la cui produzione si sia reso necessario un inve-
stimento consistente in termini di tempo e fatica da parte del (novello)
titolare di diritti.
Brevemente: recependo la Direttiva 96/9/CE del Parlamento europeo e del
Consiglio, dell'11 marzo 1996, relativa alla tutela giuridica delle banche di
dati (GU L 77 del 27.3.1996, pagg. 20–28), il Decreto Legislativo 6 maggio
1999, n. 169 ("Attuazione della direttiva 96/9/CE relativa alla tutela giuridica
delle banche di dati", Gazzetta Ufficiale n. 138 del 15 giugno 1999) estende la
protezione del diritto d'autore alle basi di dati (definite come le "raccolte di
opere, dati o altri elementi indipendenti sistematicamente o metodicamen-
te disposti ed individualmente accessibili mediante mezzi elettronici o in
altro modo") che "per la scelta o la disposizione del materiale costituiscono
una creazione intellettuale dell'autore"; al tempo stesso, introduce un nuovo
diritto sui generis che si applica anche alle basi di dati che non presentino
un livello minimo di creatività, qualora siano stati "effettua[ti] investimenti
rilevanti per la costituzione [della] banca di dati o per la sua verifica o la sua
presentazione, impegnando, a tal fine, mezzi finanziari, tempo o lavoro". In
ragione di tale diritto sui generis – che dura quindici anni dalla creazione

della base di dati ma è rinnovabile ad libitum qualora vengano "apportate al contenuto della banca di dati modifiche o integrazioni sostanziali comportanti nuovi investimenti rilevanti" – è possibile al titolare del diritto impedire l'estrazione (ovvero "il trasferimento permanente o temporaneo della totalita' o di una parte sostanziale del contenuto di una banca di dati su un altro supporto con qualsiasi mezzo o in qualsivoglia forma") o il reimpiego (ovvero "qualsivoglia forma di messa a disposizione del pubblico della totalita' o di una parte sostanziale del contenuto della banca di dati mediante distribuzione di copie, noleggio, trasmissione effettuata con qualsiasi mezzo e in qualsiasi forma") della "totalità ovvero di una parte sostanziale" della base di dati.

14 Vedi art. 1, comma 1 l.d.a. ("[s]ono protette ai sensi di questa legge le opere dell'ingegno di carattere creativo che appartengono alla letteratura, alla musica, alle arti figurative, all'architettura, al teatro ed alla cinematografia, qualunque ne sia il modo o la forma di espressione").

15 Vedi *supra* n. 13.

16 La difficoltà consiste nel decidere in via definitiva se tali fattispecie debbano essere incluse tra quelle tutelate dal diritto d'autore, non già in una valutazione circa la maggior o minore utilità di tale protezione o nella possibilità di usare strumenti privatistici per disporre di tali diritti, eventualmente come forma di "contenimento del danno" che una troppo estesa protezione potrebbe comportare. Si veda anche supra n. 11.

17 In questo ambito, di significativo rilievo appare la Direttiva 2007/2/CE del Parlamento europeo e del Consiglio, del 14 marzo 2007, che istituisce un'Infrastruttura per l'informazione territoriale nella Comunità europea (INSPIRE), pubblicata in GU L 108 del 25.4.2007, pagg. 1–14. In particolare, la direttiva in oggetto fornisce alcuni lumi relativamente ad una definizione giuridica pan-europea del concetto di "dati territoriali" (secondo l'art. 3, comma 2, della Direttiva, trattasi dei "dati che attengono, direttamente o indirettamente, a una località o un'area geografica specifica"). Va comunque ricordato che l'obbiettivo della Direttiva non è quello di regolare specificamente eventuali diritti d'autore o altri diritti di "proprietà intellettuale" (categoria molto ampia e concettualmente non chiarissima che comprende, oltre al copyright e al diritto d'autore, vari istituti giuridici tra i quali brevetti, marchi e indicazioni geografiche) né dichiarare i dati territoriali "zona franca" rispetto a tali diritti, come risulta chiaro dalla lettura del considerando n. 9 ("[l]a presente direttiva non dovrebbe pregiudicare l'esistenza o il possesso di diritti di proprietà intellettuale da parte di autorità pubbliche"), l'art. 2, comma 2 ("[l]a presente direttiva lascia impregiudicati l'esistenza o il possesso di diritti di proprietà intellettuale da parte di autorità pubbliche") e l'art. 4, comma 5 ("[p]er i set di dati territoriali [...] per i quali terzi detengano i diritti di proprietà intellettuale, l'autorità pubblica può intervenire in virtù della presente direttiva solo previo consenso dei terzi in questione").

In effetti, l'obbiettivo della direttiva in questione è primariamente quello di istituire e gestire "una rete per la prestazione dei seguenti servizi per i set di dati territoriali e i servizi ad essi relativi per i quali sono stati creati metadati a norma della presente direttiva: a) servizi di ricerca che consentano di cercare i set di dati territoriali e i servizi ad essi relativi in base al contenuto dei metadati corrispondenti e di visualizzare il contenuto dei metadati; b) servizi di consultazione che consentano di eseguire almeno le seguenti operazioni: visualizzazione, navigazione, variazione della scala di visualizzazione (zoom in e zoom out), variazione della porzione di territorio inquadrata (pan), sovrapposizione dei set di dati territoriali consultabili e visualizzazione delle informazioni contenute nelle legende e qualsivoglia contenuto pertinente dei metadati; c) servizi per lo scaricamento (download) dei dati che permettano di scaricare copie di set di dati territoriali o di una parte di essi e, ove fattibile, di accedervi direttamente; d) servizi di conversione che consentano di trasformare i set di dati territoriali, onde conseguire l'interoperabilità; e) servizi che consentano di richiamare servizi sui dati territoriali"; tali servizi devono "tener conto delle pertinenti esigenze degli utilizzatori, [essere] facili da utilizzare, disponibili per il pubblico e accessibili via Internet o attraverso altri mezzi di telecomunicazione adeguati".
Ciò detto, appare chiaro che la costituzione di una rete pan-europea per l'accesso ai dati geografici, al di là di tutte le prudenze e distinguo, non può non avere un impatto sul modo in cui gli ordinamenti giuridici degli stati membri dell'UE gestiscono la presenza (o meno) del diritto d'autore, diritti sui generis o altri diritti esclusivi sui dati geografici, territoriali, geospaziali: si tratterà ora di seguire con estrema attenzione il modo in cui la direttiva 2007/2/CE verrà recepita e implementata dagli stati membri.

[18] I termini italiani traducono i più comuni Traditional Knowledge e Traditional Cultural Expressions. Si tratta di fenomeni sulla cui natura e sulla cui gestione vi è ancora molto dibattito, sia in sede nazionale che internazionale. Per un'introduzione all'argomento è possibile consultare la sezione dedicata del sito dell'Organizzazione Mondiale della Proprietà Intellettuale (http://www.wipo.int/tk/en/).

[19] La riflessione va riferita non solo all'oggetto della protezione – ovvero, se un dato artefatto, fenomeno, comportamento o quant'altro siano o meno ricompresi all'interno della sfera di protezione del diritto d'autore – ma anche all'estensione della protezione medesima relativamente agli atti che è possibile o meno compiere sull'oggetto. La ricognizione dei diritti che la l.d.a. conferisce al creatore di un'opera non può dirsi completa senza spendere qualche riga sulle "eccezioni e limitazioni" al diritto d'autore (già note come "libere utilizzazioni", prima della modifica semanticamente e, *si parva licet*, culturalmente significativa apportata dal Decreto Legislativo 9 aprile 2003, n. 68, tramite cui il legislatore italiano ha recepito la Direttiva 2001/29/CE del Parlamento europeo e del Consiglio, del 22 maggio 2001, sull'armonizzazione di taluni aspetti del diritto d'autore e dei diritti connessi nella

società dell'informazione, in GU L 167 del 22.6.2001) ovvero l'insieme di atti, di cui al capo V della l.d.a., che il legislatore ha ritenuto non dover essere soggetti alla preventiva autorizzazione del titolare dei diritti. Tra tali "eccezioni e limitazioni" vale la pena ricordare esplicitamente l'art. 70 per la sua rilevanza nell'ambito della ricerca scientifica ("[i]l riassunto, la citazione o la riproduzione di brani o di parti di opera e la loro comunicazione al pubblico sono liberi se effettuati per uso di critica o di discussione, nei limiti giustificati da tali fini e purché non costituiscano concorrenza all'utilizzazione economica dell'opera; se effettuati a fini di insegnamento o di ricerca scientifica l'utilizzo deve inoltre avvenire per finalità illustrative e per fini non commerciali").

20 Per non complicare eccessivamente l'esposizione non ci si è infatti concentrati su una serie di diritti non esclusivi – cosiddetti di "mero compenso" – previsti dalla l.d.a. Si veda a titolo di esempio l'art. 68 l.d.a., commi 3 e 4 (rispettivamente "[f]ermo restando il divieto di riproduzione di spartiti e partiture musicali, è consentita, nei limiti del quindici per cento di ciascun volume o fascicolo di periodico, escluse le pagine di pubblicità, la riproduzione per uso personale di opere dell'ingegno effettuata mediante fotocopia, xerocopia o sistema analogo" e "[i] responsabili dei punti o centri di riproduzione, i quali utilizzino nel proprio ambito o mettano a disposizione di terzi, anche gratuitamente, apparecchi per fotocopia, xerocopia o analogo sistema di riproduzione, *devono corrispondere un compenso agli autori ed agli editori delle opere dell'ingegno* pubblicate per le stampe *che*, mediante tali apparecchi, *vengono riprodotte* per gli usi previsti nel comma 3" – enfasi aggiunta).

21 Per un'introduzione generale all'analisi economica del diritto, si veda R. Cooter-T. Ulen, *Law and Economics* (3rd edition), Addison Wesley Longman, Reading (MA), 2000; per un'applicazione specifica ai diritti di proprietà intellettuale, ivi incluso il copyright e, *mutatis mutandis*, il diritto d'autore, si veda W.M. Landes-R.A. Posner, *The economic structure of intellectual property law*, Harvard University Press, Harvard (MA), 2003.

22 Si veda inter alia K.J. Arrow, *Economic Welfare and the Allocation of Resources for Invention*, in R.R. Nelson (ed.), *The Rate and Direction of Inventive Activity: Economic and Social Factors*, National Bureau of Economic Research, Conference Series, Princeton: Princeton University Press, 1962;. J. Hirshleifer, *The Private and Social Value of Information and the Reward to Inventive Activity*, in 61(4) *American Economic Review*, 1971.

23 Vedi supra nota 19.

24 Questo è il caso, in particolare, delle cosiddette "opere orfane", ovvero di quelle opere dell'ingegno per le quali non è possibile individuare in maniera chiara né chi sia il titolare dei diritti né se l'opera sia ancora protetta dal diritto d'autore o meno. La questione è particolarmente rilevante nell'ambito del diritto d'autore, dato che – a differenza del diritto brevettuale o dei marchi – non vi è la necessità di procedere ad alcuna registrazione o altro atto

di natura amministrativa perché il diritto sorga e sia azionabile *erga omnes*:
.è sufficiente la semplice estrinsecazione materiale dell'atto creativo.

25 Il problema della sussistenza di troppi diritti esclusivi è spesso etichettato come "anti-commons effect" (vedi M.A. Heller, *The Tragedy of the Anticommons: Property in the Transition from Marx to Markets*, in 111 *Harvard Law Review*, 1998). Heller avanza l'ipotesi che un numero troppo elevato di diritti di proprietà sul medesimo bene, elevando a dismisura i costi di ciascuna transazione necessaria all'utilizzo del bene, producono un risultato subottimale in termini di efficienza economica. Heller ha poi applicato lo stesso concetto nell'ambito del diritto brevettuale – settore dalle dinamiche senz'altro differenti rispetto al diritto d'autore – analizzando lo scenario della ricerca bio-medica (M.A. Heller, R.S. Eisenberg, *Can Patents Deter Innovation? The Anticommons in Biomedical Research*, in 280 *Science*, 1998, pp. 698-701 e in F.H. Miller (ed.), *Rights and Resources*, Ashgate, Dartmouth, 2003) anche se l'effettiva esistenza di un effetto di anti-commons è stata messa in dubbio da più parti – tra gli altri, si veda R.A. Epstein, B. Kuhlik, *Navigating the anti-commons for Pharmaceutical Patents: Steady the Course on Hatch-Waxman*, U Chicago Law & Economics, Olin Working Paper No. 209, 2004; D.E. Adelman, *A Fallacy of the Commons in Biotech Patent Policy*, in 20(985) *Berkeley Tech.* L.J., 2005; J.P. Walsh, A. Arora, W.M. Cohen, *Working Through the Patent Problem*, in 229 *Science*, 2003; J.P. Walsh, A. Arora, W.M.Cohen, *Effects of Research Tool Patents and Licensing on Biomedical Innovation*, in W.M. Cohen, S.A. Merrill (eds.), *Patents for the Knowledge-Based Economy*, Nat'l Acad. Press, 2003.

26 Vedi ad esempio il Decreto Legislativo 26 maggio 1997, n. 154, che ha recepito la Direttiva 93/98/CEE del Consiglio, del 29 ottobre 1993, concernente l'armonizzazione della durata di protezione del diritto d'autore e di alcuni diritti connessi, nonché la più recente Direttiva 2006/116/CE del Parlamento europeo e del Consiglio, del 12 dicembre 2006, concernente la durata di protezione del diritto d'autore e di alcuni diritti connessi, non ancora recepita dal legislatore italiano.

27 Per esempio allargando la protezione alle basi di dati, come discusso supra alla n. 13. L'incidenza sempre più sostanziale dell'informazione e delle relative tecnologie nelle economie cosiddette "avanzate" causano d'altronde dei costanti tentativi di espansione dei diritti di "proprietà intellettuale", ivi incluso il diritto d'autore. Si pensi alle recenti proposte di estendere la protezione del diritto d'autore anche ai cosiddetti format televisivi (vedi News di dirittodautore.it, La S.I.A.E. per progetto di legge sul format, 6 luglio 2007, disponibile presso http://www.dirittodautore.it/page.asp?mode=News\&ID News=4087\&idcan=1). Vedi anche supra la n. 19.

28 Ciò non significa che il diritto d'autore non sia utile nell'ambito della ricerca; si vuole semplicemente sottolineare come usare criteri di stampo economico, in particolare legate direttamente o indirettamente ad un obbiettivo di massimizzazione dei profitti, possa generare delle significative discrasie

qualora si cerchi di inserirlo a forza all'interno della ricerca scientifica pubblica e, sia concesso ricordarlo, finanziata dalla collettività.

29 Vedi http://creativecommons.org/about/. L'atto costitutivo e lo statuto di Creative Commons possono essere consultati presso http://ibiblio.org/cccr/docs/articles.pdf e http://ibiblio.org/cccr/docs/bylaws.pdf.

30 "Too often the debate over creative control tends to the extremes. At one pole is a vision of total control – a world in which every last use of a work is regulated and in which 'all rights reserved' (and then some) is the norm. At the other end is a vision of anarchy – a world in which creators enjoy a wide range of freedom but are left vulnerable to exploitation. Balance, compromise, and moderation – once the driving forces of a copyright system that valued innovation and protection equally – have become endangered species. Creative Commons is working to revive them. *We use private rights to create public goods: creative works set free for certain uses.* Like the free software and open-source movements, *our ends are cooperative and community-minded,* but *our means are voluntary and libertarian.* We work to offer creators a best-of-both-worlds way to protect their works while encouraging certain uses of them – to declare 'some rights reserved.' *Thus, a single goal unites Creative Commons' current and future projects: to build a layer of reasonable, flexible copyright in the face of increasingly restrictive default rules*" (vedi http://creativecommons.org/about/history/ – enfasi aggiunta).

31 Non vi è spazio in questo contributo per una bibliografia almeno rappresentativa delle discussioni, pro e contro, sull'argomento. Pur concentrandosi sulla realtà statunitense, la chiarezza concettuale e la qualità dei riferimenti bibliografici delle monografie di Lawrence Lessig (L. Lessig, *Code and other laws of cyberspace*, Basic Books, 1999; L. Lessig, *The future of ideas: the fate of the commons in an interconnected world*, Random House, 2001; L. Lessig, *Free culture: the nature and future of creativity*, Penguin, 2005) ne giustificano la menzione.

32 Lessig (si veda supra alla n. 29) ipotizza che un ulteriore elemento per criticare l'iper-estensione del copyright consista nel fatto che in uno scenario digitale ogni singolo trattamento dell'informazione presuppone e implica una copia della medesima; con ciò, dunque, "attivando" i meccanismi di tutela dei diritti esclusivi propri (anche) del diritto d'autore italiano. Si tratta di un'ipotesi che ha il merito innegabile di evidenziare la discrasia che emerge quando si cerca di applicare ad una realtà nuovissima, quale le tecnologie digitali, Internet ed il Web, dei concetti forse troppo vecchi; tuttavia, una tale ipotesi pare allarmistica se si tiene presente il dettato della Direttiva 2001/29/CE del Parlamento europeo e del Consiglio, del 22 maggio 2001, sull'armonizzazione di taluni aspetti del diritto d'autore e dei diritti connessi nella società dell'informazione (Gazzetta ufficiale n. L 167 del 22/06/2001) e in particolare dell'art. 5 ("Sono esentati dal diritto di riproduzione di cui all'articolo 2 gli atti di riproduzione temporanea di cui all'articolo 2 privi di rilievo economico proprio che sono transitori o

accessori, e parte integrante e essenziale di un procedimento tecnologico, eseguiti all'unico scopo di consentire: a) la trasmissione in rete tra terzi con l'intervento di un intermediario o b) un utilizzo legittimo di un'opera o di altri materiali").

[33] "Licenze CC" o "CCPL" (per "Creative Commons Public Licenses") nel prosieguo dell'articolo.

[34] L'adattamento delle licenze CC all'ordinamento giuridico italiano (vedi oltre) si basa naturalmente sul diritto d'autore; per questo motivo, si preferisce la locuzione "licenze di diritto d'autore" anziché "licenze di copyright", nonostate l'origine statunitense delle CCPL.

[35] Qualsiasi soggetto può usare le licenze CC, senza dover informare né chiedere il permesso a Creative Commons o ai vari gruppi di lavoro che, ordinamento giuridico per ordinamento giuridico, si sono occupati di adattare le licenze.

[36] Si veda l'art. 3 delle CCPL 2.5 italiane: "[n]el rispetto dei termini e delle condizioni contenute nella presente Licenza, il Licenziante concede [al licenziatario] una licenza per tutto il mondo, gratuita, non esclusiva e perpetua (per la durata del diritto d'autore applicabile) che autorizza ad esercitare i diritti sull'Opera qui di seguito elencati: (a) riproduzione dell'Opera, incorporazione dell'Opera in una o più Collezioni di Opere e riproduzione dell'Opera come incorporata nelle Collezioni di Opere; (b) creazione e riproduzione di un'Opera Derivata; (c) distribuzione di copie dell'Opera o di supporti fonografici su cui l'Opera è registrata, comunicazione al pubblico, rappresentazione, esecuzione, recitazione o esposizione in pubblico, ivi inclusa la trasmissione audio digitale dell'Opera, e ciò anche quando l'Opera sia incorporata in Collezioni di Opere; (d) distribuzione di copie dell'Opera o di supporti fonografici su cui l'Opera Derivata è registrata, comunicazione al pubblico, rappresentazione, esecuzione, recitazione o esposizione in pubblico, ivi inclusa la trasmissione audio digitale di Opere Derivate").
Come verrà chiarito oltre, i diritti di cui ai punti (b) e (d) sono concessi solo se non viene utilizzata la clausola ND ("No Derivative Works" o, nella versione italiana delle CCPL, "Non opere derivate").

[37] Così facendo, Creative Commons intende distinguersi in maniera netta e chiara da altri attori dediti alla condivisione della conoscenza, in particolare alcuni soggetti "storici" del mondo del Software Libero/Open Source. Si veda http://creativecommons.org/about/history/: "[l]ike the free software and open-source movements, our ends are cooperative and community-minded, but our means are voluntary and libertarian".

[38] Si veda l'art. 4 CCPL 2.5 italiane (lettera (c) nel caso delle CCPL senza opzione NC, lettera (d) altrimenti): "Qualora Tu distribuisca, comunichi al pubblico, rappresenti, esegua, reciti o esponga in pubblico, anche in forma digitale, l'Opera o qualsiasi Opera Derivata o Collezione di Opere, devi mantenere intatte tutte le informative sul diritto d'autore sull'Opera. *Devi*

riconoscere una menzione adeguata rispetto al mezzo di comunicazione o
supporto che utilizzi: (i) all'Autore Originale (citando il suo nome o lo pseu-
donimo, se del caso), ove fornito; e/o (ii) alle terze parti designate, se l'Autore
Originale e/o il Licenziante hanno designato una o più terze parti (ad esem-
pio, una istituzione finanziatrice, un ente editoriale) per l'attribuzione nell'in-
formativa sul diritto d'autore del Licenziante o nei termini di servizio o con
altri mezzi ragionevoli; il titolo dell'Opera, ove fornito; nella misura in cui sia
ragionevolmente possibile, l'Uniform Resource Identifier, che il Licenziante
specifichi dover essere associato con l'Opera, salvo che tale URI non faccia
alcun riferimento alla informazione di protezione di diritto d'autore o non
dia informazioni sulla licenza dell'Opera; inoltre, in caso di Opera Derivata,
devi menzionare l'uso dell'Opera nell'Opera Derivata (ad esempio, 'traduzione francese dell'Opera dell'Autore Originario', o 'sceneggiatura basata
sull'Opera originaria dell'Autore Originario'). Tale menzione deve essere
realizzata in qualsiasi maniera ragionevole possibile; in ogni caso, in ipotesi
di Opera Derivata o Collezione di Opere, tale menzione deve quantomeno
essere posta nel medesimo punto dove viene indicato il nome di altri autori
di rilevanza paragonabile e con lo stesso risalto concesso alla menzione di
altri autori di rilevanza paragonabile" – enfasi aggiunta).
A partire dalla versione 2.5 delle CCPL il sito web di Creative Commons
non fornisce più la possibilità di rinunciare alla clausola BY, poiché la
semi-totalità degli utilizzatori delle CCPL (più precisamente, degli utenti
che avevano usato il sistema di selezione delle licenze fornito sul sito di
Creative Commons – si veda http://creativecommons.org/license/) non
aveva manifestato alcuna intenzione di rinunciare alla possibilità di essere
riconosciuti come autori. Si tratta di un non-problema per l'Italia, poiché
nel nostro ordinamento giuridico il diritto alla paternità è un diritto morale irrinunciabile.

[39] La clausola corrispondente all'opzione NC è stata tradotta nelle CCPL italiane in "[t]u non puoi esercitare alcuno dei diritti a Te concessi al precedente punto 3 in una maniera tale che sia prevalentemente intesa o diretta al
perseguimento di un vantaggio commerciale o di un compenso monetario
privato. Lo scambio dell'Opera con altre opere protette dal diritto d'autore,
per mezzo della condivisione di file digitali (c.d. filesharing) o altrimenti,
non è considerato inteso o diretto a perseguire un vantaggio commerciale
o un compenso monetario privato, a patto che non ci sia alcun pagamento
di alcun compenso monetario in connessione allo scambio di opere coperte
da diritto d'autore".

[40] L'opzione si traduce nell'assenza o nella presenza di due lettere, la (b) e la
(d), all'interno dell'art. 3 delle licenze.

[41] Che le CCPL 2.5 italiane così definiscono: "[opere basate] sull'Opera ovvero sull'Opera insieme con altre opere preesistenti, come una traduzione,
un arrangiamento musicale, un adattamento teatrale, narrativo, cinema-

tografico, una registrazione di suoni, una riproduzione d'arte, un digesto, una sintesi, o ogni altra forma in cui l'Opera possa essere riproposta, trasformata o adattata".

⁴² La clausola corrispondente all'opzione SA è stata tradotta nelle licenze CC italiane come: "[t]u puoi distribuire, comunicare al pubblico, rappresentare, eseguire, recitare o esporre in pubblico un'Opera Derivata, anche in forma digitale, solo assicurando che siano rispettati i termini di cui alla presente Licenza, di una versione successiva di questa Licenza con gli stessi Elementi della Licenza come questa Licenza o di una licenza Creative Commons iCommons che contenga gli stessi Elementi della Licenza come questa Licenza (ad es. Attribuzione-Condividi allo stesso modo 2.5. Giappone). Insieme ad ogni copia dell'Opera Derivata (o supporto fonografico su cui è registrata l'Opera Derivata) che distribuisci, comunichi al pubblico o rappresenti, esegui, reciti o esponi in pubblico, anche in forma digitale, devi includere una copia della presente Licenza o dell'altra Licenza di cui alla frase precedente o il suo Uniform Resource Identifier. Non puoi proporre o imporre alcuna condizione relativa all'Opera Derivata che alteri o restringa i termini della presente Licenza o l'esercizio da parte del beneficiario dei diritti qui concessi e devi mantenere intatte tutte le informative che si riferiscono alla presente Licenza ed all'esclusione delle garanzie. Non puoi distribuire, comunicare al pubblico, rappresentare, eseguire, recitare o esporre in pubblico l'Opera Derivata, neanche in forma digitale, provvista di misure tecnologiche miranti a controllare l'accesso all'Opera ovvero l'uso dell'Opera, in maniera incompatibile con i termini della presente Licenza. Quanto sopra si applica all'Opera Derivata anche quando questa faccia parte di una Collezione di Opere, ma ciò non comporta che la Collezione di Opere di per sé ed indipendentemente dall'Opera Derivata debba esser soggetta ai termini ed alle condizioni della presente Licenza".

⁴³ Si veda http://creativecommons.org/license/.

⁴⁴ L'opzione ND ("Non opere derivate") e l'opzione SA ("Condividi allo stesso modo") sono tra loro incompatibili, poiché la seconda presuppone la possibilità di creare Opere Derivate. Per questo motivo il numero di licenze CC possibili è "solo" sei.

⁴⁵ Inizialmente coordinato da Christiane Asschenfeldt e, dal 2006, da Catharina Maracke – si veda http://creativecommons.org/worldwide.

⁴⁶ In Italia l'opera di adattamento è stata condotta da un gruppo di lavoro, inizialmente diretto dal prof. Marco Ricolfi del Dipartimento di Scienze Giuridiche (DSG) dell'Università di Torino. L'Istituto di Elettronica e di Ingegneria dell'Informazione e delle Telecomunicazioni del CNR (IEIIT-CNR) ha fornito consulenza e assistenza relativamente agli aspetti di natura informatico/ingegneristica – aspetti che rivestono un ruolo primario nel sistema delle CCPL, in virtù della possibilità di identificare in modo automatico, grazie all'uso dei cosiddetti metadati inseriti all'interno della rappresentazione digitale di una particolare opera licenziata tramite una

CCPL, le relative condizioni d'uso (si veda http://wiki.creativecommons. org/Embedded_Metadata).

L'adattamento italiano delle CCPL è curato dal Politecnico di Torino, che ospita un gruppo di lavoro multidisciplinare presieduto dal Prof. Juan Carlos De Martin del Dipartimento di Automatica e Informatica del Politecnico. Per ulteriori dettagli si veda http://www.creativecommons.it/.

47 Ad oggi quattro: 1.0, 2.0, 2.5 e 3.0.

48 Una prima bozza della versione 3.0 delle CCPL "italiana" è stata annunciata al momento della stesura di questo contributo: si veda http://www.creative-commons.it/consultazione-ccpl-3.0.

49 Una domanda la cui risposta necesita indagini metodologicamente rigorose e settorialmente distinte, essendo le motivazioni del musicista affermato ben diverse da quelle dell'emergente, così come quelle del giornalista sono plausibilmente differenti da quelle dello scienziato.

50 E, naturalmente, la ricerca scientifica in ambito archeologico è peculiare rispetto alla ricerca scientifica in generale. Al tempo stesso, è plausibile ritenere che vi possano essere più elementi in comune tra questi due aspetti che tra la ricerca scientifica in ambito archeologico e la produzione di un'opera lirica.

51 Si veda http://sciencecommons.org/.

52 Si veda http://sciencecommons.org/about/towards/: "*[t]he sciences depend on access to and use of factual data.* Powered by developments in electronic storage and computational capability, scientific inquiry is becoming more data-intensive in almost every discipline. Whether the field is meteorology, genomics, medicine, or high-energy physics, *research depends on the availability of multiple databases,* from multiple public and private sources, *and their openness to easy recombination, search and processing*" (enfasi aggiunta).

53 Si veda http://sciencecommons.org/about/towards/: "[m]odern technologies, especially the evolving use of the World Wide Web as a library, have forever changed the mechanisms for delivery and replication of documents. In many fields, results are published nearly as quickly as they are found. *But copyright law has evolved at a different rate. Progress in modern technology combined with a legal system designed for a different technology-based environment is now leading to some unintended consequences. One of these is a kind of legal "friction" that hinders reuse of scientific discoveries and could lead to discouraging innovation* [...] These facts have not gone unnoticed. Numerous scientists have pointed out the irony that, at the historical moment when we have the technologies to permit worldwide availability and distributed processing of scientific data, legal restrictions on transfer make it harder to connect the dots. Learned societies including the National Academies of Sciences, federal granting agencies such as the National Science Foundation, and other groups have all expressed concern about the trends that are developing. *Any solution will need to be as complex as the problem*

it seeks to solve, which is to say it will be interdisciplinary, multinational, and involve both public and private initiatives" (enfasi aggiunta).

[54] Si veda in merito supra alla n. 25.

[55] Si veda http://sciencecommons.org/projects/publishing/.

[56] Si veda http://sciencecommons.org/projects/licensing/.

[57] Si veda http://sciencecommons.org/projects/data/.

[58] Il termine "Open Access" ha cominciato ad essere usato nel senso sopra indicato a partire dal 2002, quando viene pubblicata la "Budapest Open Access Initiative" (nota anche come BOAI – si veda http://www.soros.org/openaccess/read.shtml) che può essere considerata il punto di partenza dei variegati movimenti nazionali volti a garantire una maggior apertura dei risultati della ricerca scientifica. Alla BOAI ha fatto seguito, nel 2003, la "Berlin Declaration on Open Access to Knowledge in the Sciences and Humanities" (si veda http://oa.mpg.de/openaccess-berlin/berlindeclaration.html). In Italia il messaggio della BOAI e della Dichiarazione di Berlino è stato recepito nel Novembre 2004 con la cosiddetta Dichiarazione di Messina, intitolata "Gli atenei italiani per l'Open Access: verso l'accesso aperto alla letteratura di ricerca" (si veda http://www.aepic.it/conf/index.php?cf=1).

[59] Si veda in tal senso la BOAI (supra n. 58): "scholars need the means to launch a new generation of journals committed to open access, and to help existing journals that elect to make the transition to open access. Because journal articles should be disseminated as widely as possible, *these new journals will no longer invoke copyright to restrict access to and use of the material they publish. Instead they will use copyright and other tools to ensure permanent open access to all the articles they publish. Because price is a barrier to access, these new journals will not charge subscription or access fees, and will turn to other methods for covering their expenses.* There are many alternative sources of funds for this purpose, including the foundations and governments that fund research, the universities and laboratories that employ researchers, endowments set up by discipline or institution, friends of the cause of open access, profits from the sale of add-ons to the basic texts, funds freed up by the demise or cancellation of journals charging traditional subscription or access fees, or even contributions from the researchers themselves. There is no need to favor one of these solutions over the others for all disciplines or nations, and no need to stop looking for other, creative alternatives" (enfasi aggiunta).

[60] Ovvero, secondo le indicazioni della BOAI (supra n. 58), usando le metodologie proposte dalla Open Archives Initiative – si veda http://www.openarchives.org/ ("[t]he Open Archives Initiative develops and promotes interoperability standards that aim to facilitate the efficient dissemination of content. OAI has its roots in the open access and institutional repository movements. Continued support of this work remains a cornerstone of the Open Archives program. Over time, however, the work of OAI has

expanded to promote broad access to digital resources for eScholarship, eLearning, and eScience").

[61] Ancora la BOAI (supra n. 58): *"scholars need the tools and assistance to deposit their refereed journal articles in open electronic archives, a practice commonly called, self-archiving. When these archives conform to standards created by the Open Archives Initiative, then search engines and other tools can treat the separate archives as one.* Users then need not know which archives exist or where they are located in order to find and make use of their contents" (enfasi aggiunta).

[62] Si veda http://sciencecommons.org/projects/publishing/scae/.

[63] Non sfugga, tuttavia, che per l'Italia la validità di tale sistema è piuttosto limitata. Sarebbe probabilmente auspicabile un progetto di adattamento alle varie normative nazionali anche per lo *Scholar's Copyright Addendum Engine*, anche se va riconosciuto che in molte discipline scientifiche pubblicare a livello internazionale – e, di fatto, su riviste i cui modelli di gestione si basano sul diritto anglosassone – costituisce un obbiettivo prezioso.

[64] Si veda http://sciencecommons.org/projects/licensing/background-briefing/: "[b]iological materials are essential to the practice of modern life science. Cell lines, probes, and DNA represent tools for testing and validating hypotheses of biological function and human health. Each offers a perspective into biology that cannot be replicated without access to the material. Yet despite the importance of biological materials for scientific research and despite impressive initial efforts to standardize the terms for transfer, the manner of their transfer remains overly complex – with significant impacts on the quantity and quality of research. Owners of these materials transfer them to other institutions for use in biological research, drug development and evaluation, creation of diagnostics, and more".

[65] Si veda http://sciencecommons.org/projects/licensing/background-briefing/: "[t]he materials move about under contractual agreements known as material transfer agreements ('MTAs'). MTAs formalize the relationship between the provider and the recipient of the material and answer such questions as: who has the right to commercially exploit the material, and materials derived from it? Who receives publication credit for research generated from use of the materials? Who bears liability for damages from transfer and use of the material? Who owns any intellectual property rights associated with the material, and materials derived from it?".

[66] Si veda http://ott.od.nih.gov/NewPages/UBMTA.pdf.

[67] Si veda http://sciencecommons.org/projects/licensing/background-briefing/: "[a] solution must be designed to create an environment of low transaction cost, easily negotiated transfer of materials between institutions, including academic institutions and for-profit entities; a solution that avoids the pitfalls encountered by the single standard agreement approach. Thus, *Science Commons envisages a solution that involves using the existing UBM-*

TA as a baseline agreement, but with a standard set of options – creating in effect an entire suite of legally binding, standard contractual terms that can be mixed and matched to create a customized agreement, tailored to fit the large variety of transfer situations" (enfasi aggiunta).

[68] Le ragioni di questa scelta di settore sono eminentemente pratiche e volte a massimizzare gli effetti di scala ottenibili dalle collaborazioni con altri attori che Science Commons già intrattiene nei primi due settori di attività. Si veda in tal senso http://sciencecommons.org/projects/data/ ("[w]e are launching this effort in neuroscience – thus, calling it the Neurocommons *– to create network effects within a single therapeutic area and to leverage the connections we have developed with neurodegenerative disease funders through our MTA project.* The long-term elements of the Neurocommons revolve around the mixture of commons-based peer editing and annotation of the pilot knowledge project and the creation of an open source software community around the analytics platform" – enfasi aggiunta).

[69] Si veda http://www.w3.org/2001/sw/: *"[t]he Semantic Web* is about two things. It *is about common formats for integration and combination of data drawn from diverse sources,* where on the original Web mainly concentrated on the interchange of documents. *It is also about language for recording how the data relates to real world objects.* That allows a person, or a machine, to start off in one database, and then move through an unending set of databases which are connected not by wires but by being about the same thing" (enfasi aggiunta).

[70] Si veda http://sciencecommons.org/projects/data/nc_technical_overview: "[i]n collaboration with the W3C Semantic Web Health Care and Life Science interest group, we are integrating information from a variety of standard sources to establish core RDF content that can be used as a basis for bioinformatics applications".
Per ulteriori dettagli si veda anche http://sciencecommons.org/projects/data/nc_technical_overview/dataintegration/.

[71] Si veda http://sciencecommons.org/projects/data/nc_technical_overview: "[t]he scientific literature consists mostly of text. Entities discussed in the text, such as proteins and diseases, need to be specifically identified for computational use, as do the entities' relationships to the text and the text's assertions about the entities [...] [m]anual annotation by an author, editor, or other 'curator' may capture the text's meaning accurately in a formal notation. However, automated natural language processing (including entity extraction and text mining) is likely to be the only practical method for opening up the literature for computational use".
Per ulteriori dettagli si veda http://sciencecommons.org/projects/data/nc_technical_overview/textmining/.

[72] Si veda http://sciencecommons.org/projects/data/nc_technical_overview: "[i]n order to help illustrate the value of semantic web practices, we are developing statistical applications that exploit information extracted from

RDF data sources, including both conversions of structured information (such as Gene Ontology annotations (GOA)) and relationships extracted from literature. The first tools we hope to roll out are activity center analysis for gene array data, and set scoring for profiling of arbitrary gene sets". Per ulteriori dettagli si veda J. Pradines, L. Rudolph-Owen, J. Hunter, P. Leroy, M. Cary, R. Coopersmith, V. Dancik, Y. Eltsefon, V. Farutin, C. Leroy, J. Rees, D. Rose, S. Rowley, A. Ruttenberg, P. Wieghardt, C. Sander, C. Reich, *Detection of activity centers in cellular pathways using transcript profiling*, in 14(3) *Journal of biopharmaceutical statistics*, Agosto 2004.

[73] Si veda http://sciencecommons.org/projects/data/nc_technical_overview: *"[t]he success of a scientific investigation is determined in part by its ability to locate and make effective use of relevant prior work.* Automated literature search is a basic tool used by all scientists, but *the computer and the Internet have potential for search and integration far beyond what can be done with keyword-based search.* However, *a prerequisite for automated exploitation of scientific information is that it be in a consistent format that can be processed meaningfully and accurately by software.* We need links among literature, data records, real-world entities, and abstract concepts, with formal definitions of each link's endpoints and type. Applications need to use common identifiers for endpoints so that mentions of shared entities can be matched" (enfasi aggiunta).

CAPITOLO 11

Elenco dei partecipanti

- Aliverti Lucia
  Politecnico di Milano.

- Allinger-Csollich Wilfrid
  Dipartimento di Orientalistica e Storia Antica, Università di Innsbruck.

- Baldassarri Monica
  Dipartimento di Archeologia, Università di Pisa.

- Bellezza Lucia
  Istituto Internazionale di Studi Liguri, sezione di Genova.

- Benedetti Laura
  Torino.

- Bertazzo Francesco
  DARFICLET, Università degli Studi di Genova.

- Bezzi Alessandro
  Arc-Team s.n.c..

- Bezzi Luca
  Arc-Team s.n.c..

- Bianconi Luca
  Università degli Studi di Genova.

- Biscani Francesco
  Università degli Studi di Padova.

- Boesmi Francesco
  Genova.

- Caleca Simona
  Genova.

- Camporesi Carlo
  Virtual Heritage Lab - Istituto per le Tecnologie Applicate ai Beni Culturali
  CNR – Roma.

- Cevoli Tsao
  Associazione Nazionale Archeologi.

- Chessa Federica
  Università di Genova.

- Cipollina Enrico
  Genova.

- Costa Stefano
  Istituto Internazionale di Studi Liguri, sezione di Genova.

- Cucuzza Nicola
  DARFICLET, Università di Genova.

- D'Andrea Andrea
  CISA, Università di Napoli L'Orientale.

- Debernardi Davide
  Archivio di Stato di Genova.

- De Conca Daniela
  Università Cattolica di Milano.

- Di Marco Nicola
  Cremona.

- Felicetti Achille
  PIN, Università di Firenze.

- Ferreira Teresa
  Politecnico di Milano.
  teresa.ferreira@polimi.it

- Francisci Denis
  Università degli Studi di Padova – Dipartimento di Archeologia.

- Gherdevic Davide
  Università di Trieste.

- Gietl Rupert
  Arc-Team s.n.c..

- Giudici Fabrizio
  Tidalwave s.a.s..

- Glorioso Andrea
  Centro di Ricerca NEXA su Internet e Società del Politecnico di Torino.

- Grigatti Gianluca
  Università di Genova (DSA).

- Grossi Piergiovanna
  Università di Padova.

- Heinsch Sandra
  Innsbruck (A).

- Ippolito Marco
  Università Cattolica di Milano.

- Kuntner Walter
  Innsbruck (A).

- Lorenzini Matteo
  PiN, Università di Firenze.

- Lotto Damiano
  Università degli Studi di Padova.

- Mantovan Alessia
  DARFICLET, Università di Genova.

- Marchesini Beatrice
  Università di Pavia.

- Martino Gabriele
  Università di Pisa.

- McLean Macdonnel Alick
  Syracuse University in Florence.

- Milanese Maddalena
  DARFICLET, Università di Genova.

- Minosi Valentina
  Politecnico di Milano.

- Naponiello Giuseppe
  Dipartimento di Archeologia, Università di Pisa.

- Pagni Giuliana
  Dipartimento di Archeologia, Università di Pisa.

- Palombini Augusto
  Virtual Heritage Lab - Istituto per le Tecnologie Applicate ai Beni Culturali
  CNR – Roma.

- Parodi Giovanni Battista
  Università di Siena.

- Perlingieri Cinzia
  CISA, Università di Napoli L'Orientale.

- Pescarin Sofia
  Virtual Heritage Lab - Istituto per le Tecnologie Applicate ai Beni Culturali
  CNR – Roma.

- Pesce Giovanni L. A.
  Istituto Internazionale di Studi Liguri,
  sezione di Genova.

- Pittera Caterina
  Genova.

- Rizza Alfredo
  Università di Pavia.

- Rossi Matteo
  Genova.

- Sassarini Ludovico
  Genova.

- Scafuro Michele
  Università di Salerno.

- Segata Mattia
  Università degli Studi di Padova – Dipartimento di Archeologia.

- Sicios Matteo
  Università di Pisa.

- Teglia Maddalena

- Tibolla Sebastiano

- Toscano Maurizio
  Università di Siena.

- Valente Vincenzo
  Verona.

www.ingramcontent.com/pod-product-compliance
Lightning Source LLC
LaVergne TN
LVHW012331060326
832902LV00011B/1828